湯気につられ夜市に迷い込む(台北)

ジョリビーは国民食?(アンヘレス)

厳ついビジュアルが好き(マニラ)

クール・ジャパンなのです（バンコク）

またしても来てしまった（バンコク）

車体にでかでかとエアアジア！（バンコク）

ビール飲み飲み汗をかきかきアジア旅(バンコク)

世界遺産よりおもしろい！（ホーチミンシティ）

朝食ビュッフェはパスした（ホーチミンシティ）

プラスチック椅子に恋して（ホーチミンシティ）

アジアの勝ち国に憧れる（シンガポール）

変わりゆくアジアの変わらない風景（シンガポール）

浮いたお金でプチ贅沢も(バリ)

とりあえず踊っておく(バリ)

太って帰ることになるのがアジア(バリ)

可愛いだけでなくいい子たちだった（バリ）

LCCに始まり、LCCに終わる(クアラルンプール)

LCCで行く! アジア新自由旅行

3万5000円で7カ国巡ってきました

吉 田 友 和

幻冬舎文庫

LCCで行く!

アジア新自由旅行

3万5000円で7ヵ国巡ってきました

LCCで行く! アジア新自由旅行
3万5000円で7カ国巡ってきました 目次

第一章　新千歳〜関空

（1）雪国から行ってきます

旅は雪国から始まった。飛行機が高度を上げるにつれ、白銀の大地がぐんぐん遠くへ離れていく。窓の外に望める雪化粧された深い森が、僕の旅立ちを静かに見送ってくれているようだった。

ピーチ航空――日本初のLCC（Low Cost Carrier）として満を持して登場した格安エアライン。つい数日前に就航を開始したばかりの、関西国際空港行きのAPJ102便。その機内に僕はいた。見渡す限りの白い世界の中、社名にちなんだ桃色に塗装された真新しい機体が離陸していく様は、陸地から眺めていたなら、きっと大層美しいに違いない。

今冬の日本は雪が多かったという。北海道も例外ではない。いやむしろ、北国なのだから、その切実度合いは東京とは比べものにならないだろう。豪雪に見舞われるのには慣れているはずの我が両親でさえ、辟易《へきえき》した表情を浮かべていたほどだ。

もう三月だというのに、今朝がた北海道の片田舎にある家を出た時にも容赦のない吹雪《ふぶき》の洗礼を受け、僕は凍えながら電車に乗り込んだ。ローカル線を乗り継いで空港へ向かう。今回の旅の出発地は新千歳空港だった。そのついでに、道内の実家に帰省していたのだ。

「すぐそこだし、歩いていくよ」

「いや、歩くのは危ないから」

最寄りの駅までは実家から数百メートルの距離しかないのだが、父親はわざわざ車で駅まで送ってくれた。路面が凍結した冬ざれの道を歩いている人なんて誰もいない田舎町だ。駅舎には駅員の姿が見当たらなかった。いわゆる無人駅というやつで、一時間に一本しか来ない一両編成の電車の到着に合わせて、お見送りの車が横付けされる。車から降りてくるのは、学生服を着た少年少女たちだ。これから登校する地元の中高校生に混じりながら、僕は空港を目指す形となった。

新千歳空港地下にある駅の改札を抜けると、桃色のプラカードが目に入った。

「おはようございます！　ピーチ航空ご利用のお客様はこちらへお進み下さい」

若いスタッフが元気良く声をかけている。搭乗手続きの場所が、既存のエアラインとは異なるらしい。目の前のエスカレーターには乗らずに、脇の通路を進んでいく。電車を降りてぞろぞろと続く人波についていきそうなところを、こうして誘導しているというわけだ。

言われた通りに進んでいくと、あちこちにピーチ航空の在所を示す案内板が掲げられていることに気がつく。新規参入とはいえ、こういう細かい部分で抜かりがないのは、やはり日本の会社ならではだなあと初《しょ》っ端《ぱな》から感心させられた。

一階に上がると、すぐにそれと分かるカウンターが見つかった。とはいえＪＡＬやＡＮＡは二階なので、明らかに建物の片隅に追いやられたような格好にはなっている。ポツンと佇《たたず》むそれは、知らなければこんなところに搭乗窓口があるとは気がつかなそうだ。迷わなかったのは丁寧な誘導があったからこそ、なのかもしれない。

カウンターの端に自動チェックイン機が設置されていた。搭乗手続きはこれで行う。メールで送られてきたイーチケットをプリントアウトしてあった。バーコードをかざすと、ピロンと音が鳴り、機械からスーパーのレシートのような感熱紙が吐き出された。ちゃちな紙きれだが、搭乗券なんて何でも構わない。

そもそもＡＮＡなどは、「スキップ」とい

カウンターはこぢんまりとしていたが、さほど並ばずに自分の番に。

う搭乗券なしで搭乗可能なサービスがすでに普及している。だから、国内線で搭乗券を手にしたのは逆に新鮮だった。

ちなみにいきなり余談だが、ＡＮＡのスキップはチケットレスではあるが、ペーパーレスではない。手荷物の保安検査場でカードや携帯電話を機械にかざすのだが、その際に搭乗口の番号が書かれた紙が出てくる。搭乗口がどこかなんて、案内表示を確認すれば分かるので、紙資源の無駄遣いだと思うのだが……。

感熱紙の搭乗券を手にしたうえで、ピーチ航空の「手荷物」と書かれたカウンターに並んだ。窓口の女性は、僕の予約内容を確認してニコリと笑った。

「事前にお支払済みのようですので、あちらの窓口にお進み下さい」

機内に預ける受託手荷物については有料なのだ。料金は一〇五〇円で、航空券の予約時に一緒に支払っていた。事前に申し込まず、当日空港で預け荷物がある際には料金は倍になるという。また申し込んだ後で、やっぱり預け荷物がなくなったとしても、支払った荷物代は戻ってこない仕組みになっている。ＬＣＣの安い運賃の裏に隠されたカラクリの一つだった。

窓口では荷物のサイズや重量もしっかりチェックしていた。僕のカバンは重量計には一二キロと表示されていた。ピーチ航空では一個あたり二〇キロまでの制限だが、余裕でクリアである。今回はＬＣＣばかりを乗り継ぐ旅だから、荷物を極限までコンパクトにまとめてきていた。

「手荷物」と書かれたカウンターでは、受託手荷物の条件をクリアしているかを確認するだけで、そこから指示された別の窓口へ移動し、改めてX線の検査機に荷物を通す。セキュリティチェック済みのシールが貼られ、その先に預け場所があった。

客としては二度手間で面倒だが、受託手荷物が有料だと、この方が効率的なのだろう。ピーチ航空では、追加で荷物代を支払う場合のほかにも、あらかじめ荷物代が込みになっている少し高めの運賃も存在する。乗客によって条件が細かく異なるので、混乱を防ぐためにこのような段取りとなっているのだろうと推察した。

一方で気がかりなのが、機内に持ち込む手荷物だった。ピーチ航空のサイトを見ると、次のように書かれている。

「機内へお持ち込みになるお手荷物は、身の回り品（ハンドバッグ、カメラ、傘など）のほか、お一人様一個とさせていただきます」

受託手荷物が有料ならば、機内持ち込みにしようと考える乗客は増える。ところが、一個までしか持ち込めないのである。持ち込める手荷物のサイズは五五×四五×二五センチ、一〇キロまでと規定されている（これは国内の他の航空会社と同等）。二個目からは必ず機内に預けなければならない。そして預ける場合にはお金がかかる。

「航空保安検査の強化および機内安全のため、持ち込み手荷物は最小限にしていただくようご協力をお願いいたします」

サイトにはこうも記載されているが、本音は別の所にあるのだろう。預け荷物にさせて、荷物代で収益を上げたいピーチ航空の思惑が透けて見えるのだ。

もっとも、これはピーチ航空に限った話ではなく、LCCの世界では常識でもある。LCC先進国ヨーロッパの状況を調べると、たとえばアイルランドのライアンエアは、荷物代等の有料サービスが収入全体の二〇パーセントを超えているという。

ライアンエアといえば、世界初ともいえる立ち席の導入を検討しているニュースが日本でも話題となった。立ち席の運賃は数百円程度で、場合によっては運賃自体はなんと無料になるらしいが、荷物代はきっちり徴収される。手荷物の有料化はLCCのビジネスモデルにおいて、根幹をなすものなのである。

そういった知識はあったから、僕は機内持ち込みにするカバンは一つにまとめてあった。本来の予定ではとくに問題なく搭乗できるはずだった。

予定が狂ったのは、北海道の実家に立ち寄ったことに起因する。久々の帰省だった。正月でさえ外国で遊び惚《ほう》けていて帰らなかった不徳の息子がやってくるとあって、母親が大量の救援物資を用意して待っていたのだ。

「これエリさんが好きだと思って買っておいたの。煮豆も美味《おい》しいから持っていって。あとこれもこの前道の駅で……」

テーブルの上に次々と戦利品が積まれていく。来訪者に持たせる土産《みやげ》としては、度を超した量なのはいつものことで、まったく予想していなかったわけではないのだが、いざ目の前にすると面喰《めんく》らってしまう。エリさんとは、うちの奥さんのことである。

東京の自宅にはしばらく戻らないのだ。そうあらかじめ伝えておかなかった僕が悪い。

「いつ帰るの?」

「……二週間後ぐらい」

「えっ、ずいぶん先だね。じゃあこれ荷物になるわねえ。宅配便で送ろうか? エリさんは家にいるんでしょう?」

折角《せっかく》用意してくれたものを無下にするわけにもいかない。それに、東京の自宅で留守番している奥さんに渡せば喜んでくれるのも確かだった。

「いや、ありがたく頂いていくよ。空港に着いたら冬服を家に送るつもりだったから、一緒に箱に詰めてエリ宛で送っておく」

「あらそう。じゃあエリさんによろしくね。箱はどうするの?」

「箱は大丈夫。空港の郵便局でたぶん買えるから」

結局お土産を大きめの紙袋にパンパンになるまで詰めてもらった。僕はその紙袋を手に持って新千歳空港にやってきた。つまり、手荷物が一つ増えてしまっていた。

その紙袋はできれば関空まで持っていきたかった。

新千歳空港内にも郵便局はあるのだが、北海道から送るよりも、大阪からの方が送料は安く済む。それに飛行機の出発は九時二〇分と朝早い。郵便局が開くのが九時なので、かなりぎりぎりのタイミングだった。郵便局ではなく運送会社のカウンターに持ち込む手も考えたが、いずれにしろ時間の余裕はあまりないため、落ち着いて発送作業をするなら関空の方が都合がいいのは間違いなかった。

「機内に持ち込める手荷物は一つまでなんです」と咎《とが》められることを覚悟していた。なにせ、カバンよりも紙袋の方がサイズはでかいのだ。

駄目だったら追加料金か——。

内心ビクビクしながら窓口に並んでいたのだが、幸運なことに杞憂《きゆう》に終わった。紙袋については とくに指摘を受けなかったのだ。

後日ピーチ航空に電話して確認したところ、お土産が入った紙袋などは現状では目をつぶっているとのことだった。ケースバイケースではあるが、そこまで目くじらを立ててチェックしているわけでもないようだ。外国のＬＣＣでは、お役所並みに杓子定規《しゃくしじょうぎ》な会社も少なくないと聞く。我が国初のＬＣＣは案外ゆるいのだ。

　僕はＭさんを思い出した。編集者をしているＭさんは、我が家で公私共に大変お世話になっている、出版業界の大先輩なのだが、人並み外れた言動から業界では数々の伝説を残している。その一つに、どこへ行くにもカバンは持たず紙袋でやってくるというエピソードがあった。

「出張でニューヨークへ飛んだ時にも、紙袋一つで成田空港へ現れたんだよね」

　奥さんが嬉しそうに語ったその話は衝撃的だった。Ｍさんのように紙袋で旅をすれば、手荷物とは見なされず、ＬＣＣの厳しい手荷物制限も切り抜けられる。となると、紙袋のみで旅するのもむしろ全然アリかもしれない。

　国内の他の空港と比べ、新千歳の土産物店は層が厚い。恐らくここと、あとは那覇空港が、土産物店の充実度では二強だと思う。北と南の端っこに位置し、互いに本土からの観光客に高い人気を誇る土地ならではなのだろうか。物産好きの旅人にはたまらないのだが、これから旅立つ身としては買い物をする気にはなれないのが惜しいところだ。

　実家がある関係で、新千歳は国内の空港の中でも自分としてはとりわけ親しみ深い空港だ。行き慣れた場所であるだけに、些細《ささい》な変化が目に留まる。蟹《かに》やほっけといった北の海の幸を涎《よだれ》を垂らしながら冷やかしつつ、土産物店が集まった一画をぶらぶらしていると、今のイチオシは「白いロールケーキ」であることに気がついた。露出が激しく、あちこちで見かけるのだ。

層が厚いだけに、土産物の流行《はや》り廃《すた》りのサイクルが早いのも北海道の特徴のような気がする。とくにスイーツは超激戦区だ。一時期大ブームになった生キャラメルは飽きられたのか、定番化したのかは分からないが、すっかり鳴りを潜めていた。

北海道発でブームとなったスイーツは数知れない。スナッフルスの「チーズオムレット」や、ロイズの「ポテトチップチョコレート」などは、今では他府県でも模倣品が蔓延《まんえん》しているぐらいだ。「白いロールケーキ」を販売しているのは、「白い恋人」で知られる石屋製菓で、そういえば大阪の会社が似せたパッケージで「面白い恋人」という商品を出していて、昨年暮れに訴訟沙汰にまで発展したのも記憶に新しい。

「面白い恋人」はいかにも関西的なノリでクスッとさせられるが、道民からすると複雑な心境なのだろうか。僕がこれから向かうのもまさに大阪なのであった。

保安検査場を抜け、搭乗口に辿《など》り着いたのは、出発の三五分前だった。小さな待合スペースは、すでに座りきれないほどの乗客で賑《にぎ》わっていたが、ゲートは無人で係員らしき人影は見られない。搭乗橋の先を見遣《みや》ると、飛行機も駐機していないようだ。

五分が経過し、出発三〇分前きっかりになって、桃色の制服を着たスタッフが現れ、ゲート付近がざわざわし始めた。それからさらに一〇分が経《た》った頃だった。

「ほら、来たよ」

隣のカップルの話し声にハッとして、窓の方に視線を送った。桃色の機体が滑走路からゆっくりとこちらへ向かってくるのが見える。僕は慌ててカバンからカメラを取り出した。飛行機までは結構距離があるが、望遠レンズに付け替えている余裕はなく、あまりいい写真が撮れず落胆した。よく見ると、窓に向かってカメラを構えている客が沢山いた。話題の新エアラインだから、みんな気になっているのだ。中には明らかにその筋のマニアと思《おぼ》しき、カメラ小僧の姿も目についたほどだ。

鉄道マニアのことを世の中では「鉄ちゃん」などという。女性なら「鉄子」。細分化されていて、「乗り鉄」やら「撮り鉄」とジャンルも多様だ。同じような性質を飛行機に当てはめると何て言うのだろうか。ネットで検索してみると、「乗りヒコ」や「撮りヒコ」という言葉が出てきたが、正直初めて聞いたぞ。

僕は旅好きだが、飛行機マニアでは決してない。でも、空港へ来るとつい飛行機に向かってシャッターを押してしまう。撮りヒコなのだろうか。

そういや、昨日東京から着いた時には、駐機場にピカチュウが描かれたＡＮＡのポケモンジェットが停まっていて、何枚も写真を撮った。その場でｉＰｈｏｎｅから写真をツイッタ

ーにアップしたら、ネコジャンプのジャムちゃんが、

「Chooo kawaii～!!! suteki suteki suteki」

（超可愛い～！　素敵素敵素敵）

と食いついてくれて歳甲斐《としがい》もなく嬉しくなった。ネコジャンプはタイの双子アイドルユニットで、以前に何度かインタビューをさせてもらったことがある。仕事抜きでも、僕はタイでのデビュー時からずっと応援してきた熱烈なファンの一人だったりもする。

「可愛いけど雪が降ってて寒いよ」

そんな感じのメッセージをローマ字日本語でジャムちゃんに送ったら、バンコクはとても暑いと返された。そりゃそうだろうなあ。

今回の旅ではそのバンコクにも立ち寄る予定だ。普段から暑いタイが一年で最も暑くな

お待ちかねの真新しい機体が登場。雪国からの出発となった。

る、乾季と雨季の境目の暑季とも称される季節だった。氷点下の北海道からすると、気温差は三〇度以上はありそうだ。でもそんな気温差に、いつも痺《しび》れるような幸福感を覚える。寒いよりは暑い方がいい。南国最高！　なのである。

バンコクだけではない。これから巡るのは暑い国ばかりだ。世界中あちこち行ったり来たりしているけれど、僕にとってアジアは別格だった。パスポートを開くと、アジア諸国のスタンプが多数派を占める。身も心も蕩《とろ》けてしまいそうなあの灼熱《しゃくねつ》の陽射《ひざ》しが恋しくてたまらなかった。大好きなアジアが待っている――。

（2）バリで会いましょう

機材が到着すると、乗ってきた客が続々と通路に流れ出てきたのが見えた。

「皆様のご搭乗時刻は九時一五分を予定しております」

同時にアナウンスが流れた。定刻は九時二〇分だから、なんと五分前である。大阪から飛んできたばかりの飛行機がとんぼ返りするのに乗る形になるようだ。

折り返し時間が極端に短いのもＬＣＣの特徴だ。空港への駐機時間を減らすことで、コストを削減するという話はよく知られる。客室乗務員が、キャビン内の清掃なども兼務し、効率化や人件費の圧縮が図られる。おかげで利用者としては安く移動できるのだが、既存の航空会社よりも仕事量が多いのは間違いなく、スタッフの方々は大変だろうなあと苦労が偲《しの》ばれる。

ＪＡＬやＡＮＡのような上級会員向けの優先搭乗のシステムはなく、並んだ順に搭乗できる。長蛇の列となった。左右三席ずつの中型機だから、一本しかない通路を牛歩戦術で進む。手荷物を収納する人が立ち止まるたびに、水の流れをせき止めるダムのように列は詰まって渋滞する。

ほとんど満席のようだった。就航記念の片道わずか二五〇〇円という運賃に飛びついた客も多かったのだろう。不景気で国内線の搭乗率は減少気味だと聞く。事実、昨日羽田から乗ってきたエア・ドゥ機はガラガラで閑古鳥が鳴いていた。そんな現状を鑑みれば、いくら安いとはいえ、この盛況ぶりはひとまず成功といえそうな雰囲気だ。

機材はエアバス社のＡ３２０だった。中古ではなく新品の機体である。中古の方が低コストで導入できるが、故障も多く結果的に高くつく。新品の方がメンテナンスが楽だから、ＬＣＣでも新品の機体を購入するのがセオリーなのだ。

シートは革張りだった。一見すると豪華なようだが、理由を知ると拍子抜けする。革張りの方が傷や汚れが目立たず、掃除が楽だからだ。

ようやく自分の座席に辿り着くと、おやっと首を捻《ひね》った。

座席の前後間隔が恐ろしく狭かった。

座席数を強引に増やす手法もLCCの常套《じょうとう》手段である。ピーチ航空のこの機体は一八〇人乗りだが、同型機でANAだと一六六人乗りとなっている。同じだけの容量の中に、一四人も多く乗れるのだ。想定していたとはいえ、身長一八〇センチ強と図体のデカイ僕にとっては予想以上に狭く感じた。膝が前の座席の背もたれに当たる。大阪までの約二時間を、この窮屈な空間で我慢しなければならないとなると、悪態をつきたくもなった。

僕はLCCは海外ではすでに何度か経験済みだった。だから、一連のLCC的な要素に対してある程度の免疫はある。ピーチ航空は、まさしく絵に描いたようなLCCの流儀を実践しているように思えた。

脳裏《のうり》を過《よ》ぎったのは、一〇年前の長い旅だった。僕は結婚を機に勤めていた会社を辞め、奥さんと世界一周に旅立った。新婚旅行とはいえ、予算を切り詰めたいわゆるバックパッカーの旅だ。

お金はないけれど、時間だけはあったから、僕たちの移動手段は専《もっぱ》らバスで、でこぼこな悪路を何時間、時には何十時間も揺られるのが常だった。乗るバスもこれまた快適という言葉からはかけ離れたシロモノで、スプリングの効いていない堅い座席なんて茶飯事《さはんじ》。前後間隔が狭くて、前の背もたれに足が支《つか》えるのは、まさにあの旅で日々お世話になっていたバスのようでもあった。

すべての乗客が席に収まると、飛行機はすぐに滑走路へ向けて発進する。通路では、客室乗務員による実演を交えながらの緊急時の安全ガイダンスが始まった。

客室乗務員の女性たちは総じてとても若く見えた。その動作はぎこちないというよりも、どこか初々《ういうい》しくもあった。ピーチ航空を運航するピーチ・アビエーション社を立ち上げるにあたり、なんと四千人もの求人応募があったとニュースで報じられていた。社長自ら街頭に立って団扇《うちわ》を配り、客室乗務員募集のプロモーション活動をする力の入れようだった。四〇倍もの競争倍率を突破したのは、多くは

格安だからこそ安全性には万全の注意を払っている（はず）。

他業種からの転職者たちで、客室乗務員としての経験は皆無の者がほとんどなのだ。ただ、彼女たちの表情は晴れ晴れしているようにも見えた。地上係員もみな明るく、朗らかな空気で満ちているように僕には感じられた。就航したばかりのエアラインである。国内初のＬＣＣということで、必要以上に世間から注目を浴びている中での船出だった。

時折グラッと揺れが襲うと、車内販売のワゴンを押していた客室乗務員の女性たちは、座席の上の収納部分に手を伸ばして身体《からだ》を支えていた。ベテランなら、激しい揺れが来ようが涼しい顔をしているものだが、まだ慣れていないのだろう。ぎくしゃくしたところが見受けられるが、そこがかえって微笑《ほほえ》ましくもあった。

座席こそ狭いものの、雰囲気は決して悪くないのだ。機体の独特のカラーリングは、内装においても随所に散見される。客室乗務員の制服も当然のように桃色だ。なんというか、全体的にポップな印象を受けるのだ。キャビンを見回すと、乗客の年齢層も明らかに若くて再度目を瞠《みは》った。

飛行機の機内といえば、先入観を持っている人も少なくないだろう。それは良くいえば落ち着いた雰囲気、見方によっては当たり障《さわ》りがなくて面白味はない感じ。その意味でいえば、ピーチ航空は異質だった。ＪＡＬやＡＮＡしか乗ったことがない人が初めて乗ったなら、戸惑うかもしれない。年輩者なら派手すぎると感じる人もいるだろう。没個性よりは、主張が際立っているピーチ航空のポップさに僕は好感が持てる。

　無事に離陸し、水平飛行に移ると、到着時刻が一五分遅れるとのアナウンスが流れた。搭乗を終えるのに結構時間を要したので、なかば予想できた皺寄《しわよ》せだ。

　続いて、機内食の販売が始まった。機内サービスは、飲み物を含めすべて有料である。これもＬＣＣでは当たり前だが、よく考えたら国内線である。既存の航空会社も国内線では食事までは提供されない。ＪＡＬやＡＮＡでも、食べたい人だけが、各自有料でオーダーする仕組みだ。

　シートポケットに入っているメニューを見ると、有料とはいえなかなか良心的な値段設定になっている。「照り焼きチキンご飯」「クリームペンネパスタ」などの大物が六〇〇円。デニッシュは三〇〇円で、サンドイッチは五〇〇円とある。ほかにカップヌードルやら、じゃがりこやキットカットといった各種スナック類も販売されているが、どれも数百円程度で気軽に買える値段だ。メニューにも桃色が配され、ポップなデザインで目を引く。

　飲み物はソフトドリンクはすべて二〇〇円、アサヒスーパードライの缶が四〇〇円。僕はホットコーヒーを頼むことにした。新幹線の車内販売だと、ホットコーヒーは三〇〇円だから、空の上で二〇〇円は破格に感じられる。

　紙コップから漂うカフェインの匂いにホッと人心地ついたところで、僕は旅立ちまでの忙《せわ》しない日々に回想を巡らせた。コーヒーか——。

つい数日前のことだ。僕たちは夫婦でコーヒー豆を買いに出かけたのだ。行き先は千葉県の房総半島だった。毎年の恒例行事である。春の訪れが待ちきれなくなると、温暖な房総へ車を走らせるのだ。

ただ、今年は出遅れる形となった。例年なら一月か、二月上旬には訪れるのが慣例になっていた。足が遠のいていたのには理由がある。正直に書くのが若干躊躇《ためら》われるところだが、この際えいやっと書いてしまう。昨年の原発事故である。

あの日を境に、生活がガラリと変わった人はこの日本に少なくないと思う。地震や津波に関しては、東北の被災地のことを慮《おもんぱか》れば、我が家の被害なんて取るに足らないものだったし、被害者面《づら》をするつもりは毛頭ない。一方で原発事故の影響は即座に我が家に大きな影響を及ぼしたのは事実だった。

旅仲間が房総半島で有機栽培の農家を営んでいた。世界一周中にインドで知り合った同世代の夫婦だ。彼らから定期的に野菜を買っていた。毎月二回、旬の野菜を段ボール箱に詰めて送ってもらう。もう長い付き合いだ。かれこれ五年以上にはなるだろうか。我が家の日々の食卓を彩るのは、彼らが丹誠込めてつくった房総の瑞々《みずみず》しい野菜だった。

それも、あの日を境に過去形になってしまった。彼らの行動はすさまじく早かった。大震災から一ヶ月も経たない三月のことだった。広島に引っ越したという連絡が入ったのだ。フットワークの軽さは、さすがは旅人である。

でも、農家はもう廃業するという。あれだけ大切にしてきた畑を捨てるのは、内心忸怩《じくじ》たるものがあったことは想像に難《かた》くない。有機農法にこだわり、自然との付き合い方に人一倍繊細だった夫婦にとって、どうしても許せなかったのだろう。

毎日頼りきっていた食材との決別により、我が家の食卓は途端に貧しい物に変わった。泣きっ面に蜂であったが、彼らのせいではなかった。

とはいえ、一年ぶりの房総はいつもと何ら変わりはないようにも見えた。絶好のドライブ日和《びより》だった。館山の辺りから海沿いの道に出る。穏やかな陽気に誘われるように南を目指していると心が浮き立った。太陽の光の筋が海面に反射して、やさしく煌《きら》めいていた。そんな房総半島の南端に、行きつけのコーヒー屋さんがある。

行きつけとはいえ、一年に一度しか訪れないから、いつも道に迷う。正確な住所や電話番号も知らないため、カーナビに入力せずに前年の記憶を頼りに行き当たりばったりで探す。行けばなんとなく見つかる感じが、印象を引き立たせていた。

「幻のコーヒー屋さんって感じだよね」

奥さんの呟《つぶや》きに相づちを打つ。「そうだね。なくなっていませんように……」

祈るような気持ちでハンドルを握っていると——発見した。こぢんまりとした平屋の一戸建て。「ボゴダ」という、コーヒーの産地として有名な南米某国の首都と同じ名前の看板。

海に面した入口のドアをくぐる。

「いらっしゃい」

懐かしいマスターの顔が現れ、僕たちは胸を撫《な》で下ろした。

「あまり苦くないやつを……」という僕のリクエストに、「じゃあ、エルサルバドルあたりがいいかな」とマスターは焙煎《ばいせん》を始めた。

サービスで出してくれたコーヒーを啜《すす》りながら、色々と近況などを語り合う。堅苦しさがなく、旅先で知り合って話すような気軽な距離感が心地いい。実際、マスターも元々は旅人だったそうだ。恐らく僕よりも一〇歳は上だと思うが、マスターは物腰が柔らかく、語り口も嫌みがなくかろやかだ。

「自分も若い頃はあちこち旅したんですよ。オーストラリアでいい場所を見つけて、移り住もうとしたんだけど、ビザが上手《うま》く取れなくて結局日本へ帰ってきたの。でも、仮にビザが出たとしても、あの頃はまだ若かったから、途中で違うなと思って帰ってきたかも」

彼はサーファーでもある。海まで徒歩数十秒の距離に構えた店は、日本全国の海縁を見て回った末、遂に見つけた桃源郷のような場所だった。目の前には太平洋の大海原が広がる。波乗りをしつつ、コーヒーを淹《い》れる日々。僕は来るたびに羨望の眼差《まなざ》しを向けてしまう。辺境の地で隠居生活を送っているとはいえ、日に焼けて褐色になった肌が、その人生が充実したものであることを雄弁に物語っている。

「色々旅してたら、どこかへ移住する気にならないの？」

ふと水を向けられ、僕は頭を掻《か》いた。

「うーん、とりあえず一年ぐらいの間隔で住んでみたい場所はありますけど、永住なんてまだ考えられないですね」

「そうかあ。そしたら、もう少し歳を取ってからかもしれないね」

正直なところ日本に、東京に住み続けたい、などというこだわりはあまりない。なんとなく成り行きで今は暮らしているが、縁があればどこか外国に住んでみたい気持ちはゼロではない。そんな下心をマスターに見透かされたような気がして、この時の会話が心に引っかかりを残した。

「でも、好きなことを仕事にできていいよね」

お互いにね、といったニュアンスでマスターは言ったように感じられた。そう、僕の作家生活はあっという間に二年目を迎えていた。慣れない確定申告もなんとか無事終えたばかりだった。

会社員時代は、長い取材旅行は実質不可能だった。晴れてフリーの身になったことで、本来したかった旅を徐々に実現できるようになってきていた。今回のアジア旅行もその一つだ。複数の国々を渡り歩く旅は、一ヶ所を単純往復するだけの旅とはまた違った魅力がある。それに、どうせ住むなら、アジアがいいかなと漠然と思い描いてもいた。この旅では、どこか琴線に触れる場所が見つかるだろうか——。

東京都内はまだまだコート必須の極寒で時折雪がぱらつくほどだったが、房総は一足早い春を迎えていた。ポピーやキンギョソウなど、色とりどりの花々が海縁の畑を埋め尽くし、冬はすっかり過去のものである。

コーヒー豆の買い付けに加え、奥さんには花摘《はなつ》みという、もう一つのお目当てがあった。観光客向けに花農家が畑を開放していて、一本から摘むことができるのは、この時期の房総のウリの一つだ。

彼女はやる気満々だった。逆上して箍《たが》が外れたように摘みまくるのはいつものことで、房総から帰ってくるとしばらくは家の中が花だらけになるのは毎年のお約束である。ただ、花を買うのは良いとしても、水をやるのは基本的に僕の役割なのだ。

「明後日から旅に出ちゃうからなあ。今年はほどほどにしておいてよ」

僕がさり気なく窘《たしな》めようとすると、

「寂しさを紛らわせるためにも、花が沢山あった方がいいなあ」

と妙にしおらしいことを仰《おっしゃ》る。結局花だけで一万円近くも使ってしまった。財源は僕の財布である。なんだかんだ言って、上手いことたかられてしまった。

とはいえ、しばらく家を空けることになるから、寂しさがあるのも一方で事実だった。奥さんも仕事上出張が多く、夫婦別々にまったく違う国を旅しているなんてこともうちでは割とよくあるパターンなのだが、今回は少し期間が長い。

僕が会社を辞めたのと入れ替わるような形で、彼女はフリーランスから会社員に転身していた。立場があべこべになったのだ。長い旅であれば一緒に行きたいところだが、彼女も会社があるのでそうもいかない状況だった。

そこで苦肉の策、というわけではないが、途中で合流する計画を思いついた。三月後半には飛び石の連休があり、月曜に有給を取れば、土日と合わせて四日間の休みになる。その四日間だけ、奥さんが日本から渡航し一緒に旅をすることにしたのだ。彼女にとっては、まさに僕の十八番《おはこ》だった週末海外の旅となる。

バリで会おう——。

今回の旅はアジアを順繰りで南下していく。最終目的地をバリに定めていた。言うまでもないがパリではない。インドネシアのバリ島である。そこで落ち合う約束をして、僕は一人で家を出た。

バリで会おう、か。頭の中で復唱する。果たして無事に辿り着けるだろうか。朝が早かったせいで睡眠不足のはずなのに、これから始まる壮大な旅を想像しただけで興奮してしまい、目はぎんぎんに冴《さ》え眠れなかった。コーヒーを飲んだせいもあるかもしれない。

新千歳空港を飛び立った桃色の機体は、日本海側から関西方面へとアプローチしているようだった。佐渡島の上空を通り過ぎているのだと、機長からのアナウンスが流れていた。今はまだ日本の空の上にいる。

（3）ＬＣＣの拠点・関西国際空港

小癪《こしゃく》なのである。関東在住者の率直な感想だ。

いよいよ日本国内にも吹き始めたＬＣＣ旋風だが、風の通り道から東京は外れてしまっている。無風とまでは言わないものの、主舞台となった関西とは比べるべくもない。歯がゆいのである。羨ましい、と言い換えてもいい。

満を持して登場した国内初のＬＣＣ、ピーチ航空。僕が乗ってきた札幌（新千歳）線と、福岡線の二路線がまず第一弾として二〇一二年三月一日に就航を開始している。以後、三月二五日に長崎線、四月一日に鹿児島線が就航。さらには国際線が、五月に韓国ソウル（仁川）、七月に香港、九月に台北（桃園）へと続く。すべての路線が関西国際空港を発着するのだ。関東在住者としては、完全に蚊帳《かや》の外に置かれた形になっている。

そもそも、外国のＬＣＣに関しては、すでに日本への就航を済ませて久しい。振り返ってみると、定期便として先陣を切ったのは、オーストラリアのジェットスター航空で、二〇〇七年のことだった。翌年にはフィリピンのセブパシフィック航空も就航を果たしている。いずれも、関空発着である。

成田や茨城などにもＬＣＣ路線が生まれつつはあり、エアアジアＸが羽田からの定期便を開始してそれなりに話題になったりはしたものの、関西に比べればまだまだ小粒な印象は否《いな》めない。日本のＬＣＣの拠点は、現状では関東ではなく関西なのである。

背景に探りを入れていくと、日本の航空行政の問題に行き着く。

近年、我が国でも空の自由化が進み、各国とのオープンスカイ協定が結ばれるようになった。簡単に説明すると、これまでは国家間の協議が必要だった国際線の就航発着地や便数などを、航空会社が自由に決められるようにしたものだ。

ところが、羽田や成田といった首都圏の空港はこのオープンスカイの対象からは除外されていた。航空路線が飽和状態で発着枠に余裕がない、というのがその理由だった。また仮に発着枠を確保できたとしても、着陸料という厚い壁が立ちはだかる。コスト削減が至上命題のＬＣＣにとって、着陸料の高額な首都圏空港への就航はハードルが高い。

そんな状況もあって、白羽の矢が立ったのが関空だった。発着枠に余裕があったところへ加え、着陸料を大幅に減免する措置を取ったことで、ＬＣＣの呼び水となった。利用旅客数を増やすために、ＬＣＣの積極的な誘致を試みた関空側の思惑が功を奏したともいえる。成田に関しては、二〇一四年に発着枠が現在の二二万回から三〇万回まで飛躍的に拡大する予定で、将来的にはＬＣＣのハブ空港化への期待もある。でも、現状ではまだその恩恵を受けられるのは主に関西圏の旅行者なのである。

東京在住なのに、わざわざ関空までやってきた。それも今回は北海道から到着したのである。我ながらもの好きだなあと呆《あき》れる気持ちはある。

着陸したら飛行機は沖止めだった。ターミナルビルに搭乗橋で接続せずに、乗客はタラップで外に下りて、バスに分譲して到着ロビーへ向かう。バスは四台も用意されていた。僕は二台目に乗った。

あれっ、と首を傾《かし》げたのは、バスが着いたのが予想外の場所だったからだ。ターミナルビルへは向かわずに、駐機場と外界を隔てるゲートをくぐり、なんと空港の外へ出てしまった。降ろされたのは、駐機場からはターミナルビルの反対側で、市内へ出発するシャトルバス乗り場の脇辺りだった。

沖止めであってもまずは空港建物に入り、ターンテーブルで荷物を受け取り、到着ロビーから外側へ出るのが一般的だ。しかしピーチ航空では、それらをすべてショートカットして、一気に到着階の外側まで乗客を運んでしまう。荷物はどうするのかと気を揉《も》んでいたら、バスが着いた場所の近くに野ざらしで置かれていた。一応屋根はあって係員も待機している。無事に自分の荷物も届いていた。実務上何の問題もないとはいえ、まるで長距離バスのようで面喰らった。

建物に直結ではなくバスに分譲して移動するのはLCCのお約束。

荷物をピックアップして歩き始めたら、テレビ局らしきカメラが待ち構えていた。乗ってきた客にインタビューをしているようだった。

「乗り心地はどうでしたか？」などと訊《き》かれるのだろうか。捕まらないように僕は足早に通り過ぎた。そういえば雑誌などでもピーチ航空の記事をよく見かけていた。マスコミにも格好の話題を提供しているというわけか。

さて、関空である。半年ぶりぐらいだろうか。東京在住者にとっては、あまり馴染《なじ》みのない空港だが、関空にしかない路線などもあり、これまでも何度か利用したことはあった。

まずは郵便局へ立ち寄った。北海道の実家から持ってきた例の紙袋と、ここまで着ていた冬服を段ボール箱に詰める。ダウンジャケットやニット、裏地付きの厚手のズボンは、ここから先の南国の旅では荷物になるだけだった。箱代が二〇〇円、東京までゆうパックで一〇〇〇円だった。

「まいどおおきに」

局員のおばちゃんの関西弁に、大阪にいる実感が湧いてきた。

折角大阪まで来たのだからと、昼食はお好み焼きを食べることにした。ミーハーだなあと突っ込まれても反論できない。会社員時代も大阪出張の際には、日帰りであってもお好み焼きだけは食べて帰るのが最大の楽しみだった。関空は飲食店のラインナップが充実している。

いつも行くのが二階のフードコートで、ねぎ焼きモダン七八〇円に舌鼓を打った。

食後は三階に上がり、ショップを物色して歩く。書店を覗《のぞ》くと、自分の著書が平置きになっていて嬉しくなった。関空に限らず、空港内の書店は場所柄旅関連の本が充実していて、いつも衝動買いの欲求に駆られる。気になる新刊がちらほら目についたが、今回は無闇に荷物を増やせないので、グッと堪《こら》える。旅行中の読書には、電子書籍端末を持参していた。

その代わり、無印良品で持ってくるのを忘れた首枕だけ購入した。無印良品は便利な旅グッズが手頃な値段で売られていて重宝する。首枕は機内で熟睡するには必須のアイテムなのだ。空気で膨らませるタイプなので、嵩張《かさば》らないのもいい。同様の商品の中でも、同社のものは布地のカバーで肌触りが良くお気に入りだ。

関空内にはユニクロやダイソーなんかもある。人の多いところは苦手で、普段はあまり積極的に買い物には出かけないタイプだから、こうしてたまに店をはしごすると物欲がふつふつと湧き出てくるが、荷物になるので諦めざるを得ない。

なんだか随分のんびりとしているが、実は次の便の出発までは時間があった。出発は午後五時一五分。およそ五時間もの乗り継ぎ時間だ。早々にチェックインを済ませて出国したい気もしたが、出発二時間半前にならないとカウンターが開かないのだ。

手持ち無沙汰になってしまったので、空港ラウンジで仕事をすることにした。航空会社ラウンジではなく、カードラウンジの方である。説明不要だろうが念のため書くと、特定のクレジットカードを所有していれば、基本的に無料で利用できる。そこそこ高い年会費を払っているので、こういう機会に意欲的に元を取りたい。

関空のカードラウンジは初めて入ったが、分かりにくい場所にあって見つけるのに苦労した。ユニクロの横に非常扉のような佇まいのドアがあって、その先が廊下になっている。ショップやレストランが並ぶ華やかなエリアから一転して、どこかのオフィスに迷い込んだような無機質な空間だ。

「本当にこの先にあるの？」と訝《いぶか》しがりながら歩いていったら、さり気なく入口が現れた。おそるおそる中に入り、カードを提示する——ここでＯＫのようだ。

それなりに歳を取り、ラウンジなんて偉そうなものを利用するようになっても、格好だけは二〇代の頃の旅とさほど変わっていない。基本はＴシャツにジーンズで、寒い場合には綿の長袖シャツなどを軽く羽織る程度だ。

だからラウンジへ入る時は、正直なところ気後れもしてしまう。さすがは偉そうな場所だけに、利用者もいかにも偉そうな人が多く、自分が場の雰囲気から浮いている錯覚がするのだ。単なる自意識過剰であればいいのだが、ビシッとスーツで決めたビジネスマンがパソコンのキーボードをパチパチ叩いている横に、ジーンズ姿でずかずか入っていくのはいつもなんだか気が引ける。

ところが関空のカードラウンジはいささか状況が異なった。スーツビシッと系の客は皆無で、緊張感がまったくない。むしろ、仕事をさぼり中のサラリーマンがたむろする喫茶店のようにも見えた。土地柄なのだろうか、などと書くと関西の人に怒られそうだが、僕には羽田や成田のカードラウンジとは明らかに別の世界に見えたのだ。

無線LANに繋《つな》ぎメールの処理などを済ませる。コンセントがあるので、iPhoneも充電しておく。コーヒー、紅茶、ソフトドリンクが無料だった。お酒も有料で用意されていたが、まだ飲む気はしない。

そうこうしているうちに、出発二時間前になっていた。ラウンジを引き払い、チェックインカウンターへ向かった。乗るのは——。

——ジェットスター・アジア航空だ。

オーストラリアのカンタス航空の子会社ジェットスター航空グループのLCCで、シンガポールのキャリアである。ジェットスター航空とロゴは一緒で、予約などもジェットスター航空のサイトと同一なのだが、厳密には別の航空会社となる。

なんだか複雑だが、これも前述したオープンスカイ協定うんぬんの話と照らし合わせると合点がいく。ヨーロッパほど空の自由化が進んでいないアジア地域では、オープン化がされず二国間協定、つまり第三国の航空会社が路線を開設できない現状がまだまだ横たわっているのだ。

ジェットスター航空自体はオーストラリアの会社であるから、シンガポールを発着してオーストラリア以外へ飛ぶ路線を持つことが原則できない。そこで、シンガポールの会社と合弁で設立されたのがジェットスター・アジア航空なのである。

僕が乗るのは関空発、台北経由、シンガポール行きの便。オーストラリアは絡んでいないので、ジェットスター航空ではなく、シンガポールの会社であるジェットスター・アジア航空の運航になるというわけだ。

同様のケースは他社でも見られる。たとえばエアアジア・グループなどはまさにそうで、タイ・エアアジアやインドネシア・エアアジアなど、同じブランドながら国ごとに別会社が運航している。二国間協定の抜け道であり、現地資本との合弁会社設立がLCCの路線拡大における必勝パターンの一つになっているようだ。

最終的にシンガポールまで行く便だが、僕が買ったチケットは経由地の台北《タイペイ》までのものであった。台北からはまた別のLCCに乗ることになっている。

そう——。一ヶ国目、最初の目的地は台湾なのである。

チェックインカウンターは空《す》いていた。客よりもスタッフの方が多いぐらいで、これならすぐに済みそうだとほくそ笑んだのだが、甘かった。一つのカウンターに二人のスタッフがいて、よく見ると「TRAINEE」という札が付いていた。なるほど、研修生なのだ。二人のうち一人は、指導と補助のための先輩社員のようだった。

以前にも似たような状況に遭遇したことがある。外国の空港の出国審査の係員だった。僕が並んだ列だけが妙に進みが遅くて、ちっと舌打ちしていたら、その列の係員がTRAINEEだったというオチである。本人のせいではないとはいえ、客としては外れ籤《くじ》なのは確かで、出発時間が迫っていたりすると悶々《もんもん》として過ごすことになる。

今回は出発まで時間の余裕があったから、不幸中の幸いだったといえる。これで時間ぎりぎりで、しかも行列になっていたなら目も当てられない。

自分の番になり、パスポートを提示する。研修中らしい若い女性係員は、端末をパチパチ叩いたところで、なぜか眉をひそめた。隣にいる先輩社員に目配せして、ごにょごにょと何か相談している様子だ。おや、問題でも生じたのだろうか——。

「台湾にお住まいですか？」

「え？……いえ」

虚を衝《つ》かれ、しどろもどろになってしまった。

「ご帰国便は決まってらっしゃいますか？」

「いや、乗り継ぎなんですけど」

「台湾を出国する航空券はお持ちですか？」

あ、そういうことか。ようやく謎が解けた。片道チケットであるのが引っかかったのだ。

日本人ならビザなしでの入国が可能な国は多いが、帰りの航空券の所持が条件となっていることも少なくない。すっかり失念していた。一般的な単純往復の海外旅行であれば気にする必要はないが、周遊型の旅をする場合には要注意なのである。

ただし実際には、入国審査で帰りの航空券の提示を求められるケースは極稀《ごくまれ》だ。台湾は何度も訪れているが、突っ込みを受けたことは一度もない。あくまでも建前にすぎないのだが、万が一入国拒否となったら航空会社にも責任が及ぶため、片道チケットの客はチェックイン時に確認しているのだろう。

いやでも、必ず確認されるわけでもないか。航空会社にもよるし、係員の胸三寸という感じで対応はアバウトだ。マニュアルに忠実なのは研修生だから、なのかもしれない。

とはいえ運が悪いと、搭乗を拒否されるという話もよく聞く。こういうこともあろうかと、僕はイーチケットの控えをプリントアウトしてあった。

航空券がイーチケット化され、紙の航空券はほとんど絶滅した。イーチケット控えはあくまでも控えであり、航空券の代替となるものではない。通常はパスポートのみでチェックインできる。普段はわざわざプリントアウトなんてしないのだが、今回は行程が複雑だったので念のため紙にして持っていた。

　イーチケット控えを提示して、出国予定を証明できたことで、ようやくボーディングパスが発行された。ホッと胸を撫で下ろしたが、今回のルートは片道チケットを繋いでいくものだから、この先も余計な勘ぐりを受けそうな懸念も芽生えてきた。

　まあでも、きっとなんとかなるだろう。楽観的に考えることにした。面倒な事態になったとしても、なんとかしてみせるしかないのだから。

　制限エリアへ入るゲートの所で写真を撮っていたら、シャッターを押してくれないかと頼まれた。大阪のおばちゃんたちである。横位置と縦位置を各二枚ずつ撮って、カメラを返す。旅立ちを目前に控え興奮を抑えきれないといったおばちゃんたちの笑顔に、こちらの心も晴れやかなものになる。

「まいど、おおきに」

「どういたしまして。そうだ、自分も撮ってもらってもいいですか？」

　一人旅だと自分入りの写真はなかなか撮りにくい。こういう降って湧いたチャンスを逃さずに、ちゃっかりシャッターを押してもらうのは定石ともいえる。

「ありがとうございました。お気をつけてよい旅を」

「お互いにね。おおきにね」

なんてことはないささやかな交流だが、旅心をきゅっと刺激された。

出会いと別れの場所——空港はいつだって旅情を誘ってくれる。

手荷物検査と出国審査を抜け制限エリアに入ると、再び手持ち無沙汰になった。免税店を冷やかし歩くも、すぐに飽きてしまう。備え付けられていた施設案内のパンフレットをぱらぱらめくると、制限エリアにもカードラウンジがあるようだったので、行ってみることにした。成田空港では、制限エリアになると航空会社ラウンジしかないのだ。この点は、関空の方が優れていると感じた。しかも、二つもあった。禁煙者用と喫煙者用で分かれているのだ。

航空会社ラウンジが利用できないのは、LCCの旅の弱点の一つだ。

僕の場合、ANAやスターアライアンス系の航空会社を利用することが最も多く、

大阪のおばちゃんと撮り合いっこしてしまった。いざ出発！

一応上級会員なので出発まではラウンジで過ごすのが日常化していた。翻ってLCCではラウンジなんて端《はな》から存在しない。

別に贅沢をしたいわけではない。ラウンジの有無は絶対条件ではないものの、その恩恵をどっぷり受けた旅ばかりしている身には、ないと不満が募るのも事実だった。

そんな時、カードラウンジが使えると光が差す。LCCならばカードラウンジを上手く利用すればいい。弱点を克服する解決策というか、旅人の工夫といえるかもしれない。

ラウンジでコーヒーを啜りながら、ネットをして時間を潰《つぶ》しているうちに、あっという間に時間は流れていった。搭乗券には搭乗時刻が一六時三五分と書いてある。間に合うようにラウンジを出たつもりだった。

ところが、である。搭乗口へと歩を進めていると、乗る便のファイナルコールのアナウンスが流れたのだ。えっ？　なんで？　定刻よりも早く出発しようとしている？

期せずして泡を食う形になった。地図を見ると、目指す搭乗口は建物の一番端っこで、ラウンジからはかなり距離がある。遠くに追いやられているのはさすがはLCCといったところだが、感心している場合ではない。早足で向かったが、途中で係員がボードを持って待ち構えているのが視界に入り、駆け足にならざるを得なくなった。空港内を走るなんて、まったくもってスマートではないというか、みっともなさすぎる。息切れしながら、搭乗口へ辿り着いた時には、もう誰も並んでおらず、今まさにゲートを閉めようかというところだった。間一髪――。

なんとか機内に乗り込むと、すでに座席はあらかた埋まっていた。「遅れやがって」と冷ややかな視線を浴びているようで、いたたまれなくなった。三人掛けのシートが左右二列の中型機だった。僕は窓側だったので、すでに座ってシートベルトまで締めている客に一旦《いったん》どいてもらうのは恐縮した。

ピーチ航空に続き、またしてもエアバス320機だった。LCCでは、すべての路線で同一の機体を使用して効率化を高めているという。近距離路線に関しては、A320は最も手頃な機体で、事実上のスタンダードとなっている。

やはり座席間隔はとても狭かった。足を真っ直《まっす》ぐにすると、前の席の背もたれに支える。窮屈なフライトには辟易させられるが、ここからは首枕という心強いアイテムがストレスを幾分軽減してくれる。スーッ、スーッと空気を膨らませているうちに、飛行機は滑走路へと移動し始めた。シートポケットには、ジェットスター航空の機内誌が入っていた。LCCにしては珍しい。首枕を装着し、機内誌をぱらぱらしているうちに睡魔に襲われてきて、離陸前にはコトンと眠りに落ちた。

ふっと目が覚めた時には空の上だった。窓の外では日が沈もうとしていた。窓の日よけの隙間から、強い光がこぼれている。日よけを少し上に上げると、あまりの眩《まぶ》しさに目を開けていられないほどだった。

機内食は有料で、メニューにはシンガポールドルで値段が書かれていたが、配られた入国カードは台湾のものだった。それを書いているうちに日はさらに傾ぎ、墨汁でべたっと塗りたくったような漆黒《しっこく》の雲海のずっとずっと向こうから、残照がちらつき始めた。いよいよ海を渡ろうとしていた。一日が終わりを告げようとする中、旅が本格的に始まろうとしていた。

第二章　台湾〜フィリピン

（4）魯肉飯に想い焦がれて

違和感の正体に気がつくまでに時間を要した。台北の桃園国際空港は過去に何度も利用していた。勝手知ったる場所だけに、油断しきってもいた。

——あれれ、何か変だぞ。

最初に異変を察知したのは、通路の脇に免税店が立ち並んでいるのを目《ま》の当たりにした瞬間だった。まるで露店のような簡素なつくりは、仮設店舗なのだとすぐに気づかされることになる。先へ進むにつれ、通路は狭まっていった。所々がパーティションのような壁で塞がれ、急造された空間を蛍光灯の明かりが生々しく照らしていた。

壁に貼ってある大きなポスターに視線を凝らす——「Renovation」という文字が目に入った。リノベーション、改装。そうか、この空港は改装中なのだ。最近は台北に来る時はもう一つの松山空港を利用していたから知らなかった。

どうりで、と腑《ふ》に落ちた時には、入国審査のカウンターが目前に迫っていた。関空で搭乗手続きをした際に、片道チケットであることを指摘されたのを思い出した。下手《へた》に怪しまれたら面倒なことになる。機内で書いておいた入国カードを添えて、パスポートを提出した。

係員の女性は僕の顔を一瞥《いちべつ》した後、なんら言葉を発することなく機械的にポンッとスタンプを押した。やれやれ。無事入国である。

荷物がなかなか出てこなかった。やきもきしていると、どこからともなく現れたおじさんが大声で何かを叫んだ。中国語で意味が分からなかったが、場の雰囲気からこのレーンではないと言っているようだった。本当に？　画面には確かに僕が乗ってきた便名が表示されているというのに。

ぞろぞろと移動し始めた乗客たちの波に金魚の糞化してついていくと、別のターンテーブルの上にはすでに溢《あふ》れんばかりの荷物が回っていた。僕のカバンもすぐに見つかった。案内板の表示が間違っていたらしい。あちこち改装工事している悪影響がこんなところにも及んでいた。混乱気味の空港に戸惑った客は、僕だけではなかっただろう。

到着ロビーへ出ると、さらに混沌《こんとん》とした状況が待っていた。それは工事中というより、もはや工事現場そのものだった。パーティションやシートであちこち覆われ、何かのケーブルが剝《む》き出しのまま床を這《は》っている。

通常時の一〇分の一もないであろう狭小なスペースを、到着客を待つ人たちが奪い合っていた。名の知れた日本の旅行会社のジャンパーを着た現地スタッフが、声を張り上げている。団体ツアーの出迎えなのだろう。突然工事現場に放り出されてポカーンとしてしまっている異国からの旅人にとっては有り難い存在に違いない。

　翻って、僕には出迎えなんているわけもなかったから、いつまでもポカーンとしたまま為《な》す術《すべ》もなく立ち尽くしてしまった。案内板もめちゃくちゃで、どこに何があるのかがさっぱり分からないのだ。

「どこ行きたい？　バスはあっちね」

　突然声をかけられ、ハッと振り返った。見知らぬ台湾人のおじさんが助け船を出してくれたのだ。親切な人はいるものである。しかも普通に日本語だった。台湾の日本語の通用度の高さは伊達《だて》じゃない。

「ＡＴＭはどこですか？　それと携帯電話のＳＩＭカードを買いたいのですが……」

　僕の質問におじさんはさらりと教えてくれ

桃園空港は絶賛改装中だった。完成予想図を見て妄想を膨らませる。

た。工事現場化したこの空港を熟知している雰囲気だったから、空港関係者か、どこかの旅行会社のスタッフだろうか。

おじさんにお礼を言って、教えてもらった通りの方向へ進むとATMがあった。ひとまず三〇〇〇台湾ドルを引き出し、続いて携帯電話会社のカウンターでSIMカードを購入した。

一応書いておくと、僕は海外ではあまり両替はしない。クレジットカードでATMから現金を引き出すやり方で通している。その方が結果的にレートがいいことも少なくないし、「あっちの方がレートが良さそう」などと両替所を比較して頭を悩ませる必要もなくなるからだ。もちろん、キャッシュもいくらかは持ってきているけれど、基本的にまずはATMを探すことから始める。

SIMカードについても補足しておく。僕は日本でも海外でもiPhoneを活用している。最新の4Sはタイで買ったもので、日本で売られているものと違いSIMロックが施されていない。どこの国へ行っても、プリペイドタイプのSIMを挿せば、現地携帯電話会社の電波を格安で利用できるのだ。

iPhoneに限らず、いわゆるスマートフォンを海外で使用する際は、パケット使用料に注意を要する。日本の端末を海外へ持っていってローミングして使用することは可能だが、だいたい一日あたり三〇〇〇円弱もかかってしまう。とても常用する気にはなれない金額だ。

その点、ＳＩＭフリー端末だと運用コストは比較にならないレベルで安く済む。料金を気にせずに、ネットに繋ぎ放題なのである。

海外旅行中であっても、常にネットに繋がっていられると、あらゆる場面で旅は革新的に便利になる。知りたいことがあれば、その場でちょちょいと調べればいいし、地図を起動すれば現在地も分かる。もちろん、メールは送り放題だし、ツイッターやフェイスブックで日本の友人たちとコミュニケーションも取れる。

だから現地に到着したら、僕は忘れずにＳＩＭカードを入手するようにしている。街中でも買えるが、空港の方が英語が通じやすいし、店の人も外国人客に馴《な》れている。空港に着いて最初にすべきことが両替やＡＴＭでの現地通貨の引き出しだとしたら、二番目はＳＩＭカードの購入なのである。

オンライン状態になったｉＰｈｏｎｅを開き、スケジュールを改めて確認する。

——一時二五分か。

次に乗る飛行機の出発時刻である。明日の昼の一時二五分ではない。今晩、深夜一時二五分である。実はこの日は台北には泊まらない。荷解きはせずに、次の目的地へ素早く移動しなければならないのだ。

現在時刻は、間もなく二〇時になろうとしていた。一九時前には到着していたのに、まごついているうちに随分と時間をロスしてしまった。二時間前チェックインとすると、わずかに三時間程度しかない。

このまま空港で過ごすか、それとも無理してでも市内へ出るか。

非常に悩ましい選択を迫られていた。

これが松山空港だったら……歯嚙《はが》みしたくなる。台北には二つの空港があった。より市内に近いのが松山空港なのだ。東京でいえば、羽田と成田が共存している関係に似ている。桃園空港は市内から離れており、道路状況にもよるが、片道一時間ぐらいはかかるのだ。往復二時間とすると、市内にいられるのはわずかに一時間。バスが上手いこと来ないともっと短くなる。

普通の思考ならば、一時間のためだけに危ない橋を渡りはしないかもしれない。そうだとすると、僕は普通ではないのだろう。欲ばりだと自覚もしている。

たった一時間と思うなかれだ。一時間もあるのだと前向きに考えるべし。週末海外旅行を繰り返すうちに、タイトな旅程には慣れていた。たったの一二日間で一〇ヶ国の世界一周をしたこともあった。

ビールでも飲みながら、何か美味い物を食べることぐらいはできるだろう。僕は空腹だった。ジェットスター・アジア航空の有料の機内食はパスしていた。夜ご飯は食べていないのだ。なんといっても美食の街・台北である。ここで空港内のレストランなんかでお茶を濁した日には、胃袋が暴動を起こしそうだ。

決断してしまえば、後の行動は早かった。大きな荷物を預けることにする。市内まで重い荷物を持って往復するのは無意味だ。荷物預かり所は出発ロビーの奥にあった。航空会社のチェックインカウンターがずらりと並ぶこの空間は、まだ改装工事の魔の手は伸びておらず、通常営業の装いでホッとした。

小さな個室に足を踏み入れると、若い女性スタッフがデスクから立ち上がった。

「荷物を預けたいのですが」

すると女性は壁をちらりと見遣った。壁には時計がかかっていた。

「二三時半で閉まりますけど、大丈夫ですか？」

ブロークンな英語だった。国際線だから二四時間営業なのかと思いきや、そんなことはないのだ。重ねて書くが、飛行機の出発は一時二五分だ。二時間前として二三時二五分。この荷物預かり所がちょうど閉まる頃である。

「――構いません。それまでには戻ってきますので」

所定の用紙に名前やパスポート番号などを記入した。電話番号の欄があったので、入手したばかりのプリペイドＳＩＭの番号を書き写しておいた。代金は一〇〇台湾ドルだという。

日本円にして三〇〇円弱だ。

身軽になったところで、バス乗り場へ向かった。乗り慣れた國光客運のシャトルバスのチケット窓口も、いつもとは違う場所にあった。いかにも仮店舗らしき粗末なものかと思いきや、意外にも真新しい佇まいで目を瞠った。この辺りはすでに改装作業が終了し、先行して営業を開始しているのかもしれない。

運賃は一二五台湾ドルだった。窓口のおばちゃんに「次のバスは何時ですか？」と尋ねると、「五分後ですよ」とのこと。外へ出てバス停の列に並ぶと、すぐにバスがやってきた。ほとんど待たずに出発できたのはツイている。

バスの座席に収まり、冷静になってから改めて考えると、綱渡りのような危なげな状況にいることの実感が湧いてきた。一時間しかいられないのは悔しい。どうせなら台北に一泊したかった。でも、スケジュール上、どうしても先を急ぐ必要があった。フリーの身分になったとはいえ、抱えている仕事量はたいして変わらない。むしろ忙しくなったほどで、それらを放り出して、糸が切れた凧のようにいつまでも旅をしているわけにもいかないのだった。

ＬＣＣの旅は、制約を伴う旅でもあった。発券してしまうと便の変更はおろか、払い戻しもできないのだ。やっぱりもう一日滞在したいと急に心変わりしても、あくまでも当初のスケジュールに沿って旅は進行していく。

そういえば、荷物預かり所が二三時半に閉まるのは想定外だった。おかげで、これ以上のアクロバティックな行動はできなくなってしまった。

仮に滞在が一時間を超えて、空港に戻ってくるのが若干遅れたとしても、おそらく搭乗便へのチェックイン自体は時間の猶予があるはずなのだ。確証こそないものの、出発一時間前であっても、おそらく大丈夫だろう。ところが、荷物をピックアップしなければならないとなると、そうも言っていられない。必ず一時間で切り上げざるを得ない。日本の空港のようなコインロッカーがあれば……と遠い目をするも、今更《いまさら》どうにもならなかった。

窓の外に流れ続けてやまない暗闇を見つめながら、思案を巡らせていた。

この貴重な一時間をどう過ごすか。

あれもこれもと複数狙うのは無理そうだし、場所によっては一時間じゃとても切り上げられない懸念も出てくる。どこか一ヶ所に絞った方が良さそうに思えた。

ちなみに、それだけタイトな日程であれば、あらかじめ予習をして、計画を練っておけばいいのに……と疑問に感じる方もいるかもしれない。まったくもってその通りで、反論の余地はない。ものぐさな性格なので、いざ現場に直面しないと現実味が湧かないのだ。初めての海外旅行から一貫して風まかせな旅ばかりしてきたせいか、予定調和な旅は根本的に苦手だった。行き当たりばったりなのは筋金入りなのだ。

できる限り時間をロスしないで済む場所となると、空港バスの通り道から近いところがベターだ。そのうえで美味しい食事と、束《つか》の間の台湾気分を味わえる場所——。そんなに都合の良い場所があっただろうか？　ガイドブックは持っていない。頭の中で記憶している台北の地図を引っ張り出してみる——あった。

——寧夏路夜市《ねいかろ》。

観光客にとって最も台湾らしいスポットといえば、真っ先に挙がるのが夜市だろう。台北ならば士林《しーりん》夜市や饒河街《ぎょうがかい》夜市がとくに有名だが、ほかにも街のあちこちで日が暮れると市が立つ。中でもグルメスポットとして、現地の台湾人にも根強い人気を誇るのが寧夏路夜市である。服飾や雑貨といったお買い物系の出店は皆無で、食べ物の屋台だけがずらりと通りを埋め尽くす。食いしん坊旅行者としては、想像しただけで涎が出そうな夜市であった。

高速道路をかっ飛ばすバスの車内で、僕はiPhoneの地図を開き、寧夏路夜市の正確な位置を確認した。思惑《おもわく》通りだ。今乗っているこのバスが通るはずの大通りからは、徒歩で行ける距離にある。

台北駅行きのバスだったが、途中でサクッと下車してしまおう。GPSを内蔵したiPhoneは現在地が地図に表示されるから、夜市に最も近い場所に差し掛かったら降車ブザーに手をかければいい。いやはや、これ一台あれば本当に何でもできそうな気がしてくる。ありがとうiPhone！　なのである。

　バスを降りたら、自分が迂闊《うかつ》だったと思い知らされた。意外なことに、なんだかとても寒かったのだ。すっかり南国気分でいたから拍子抜けしたし、同時に寒さに凍えながら街を歩く羽目に陥った。辺りを見回すと、みんな最低でもジャケットの類《たぐ》いは羽織っていて、僕よりも軽装の者は誰もいない。上着類はすべて関空から自宅に送り返してしまっていた。寒空の中シャツ一枚で夜市を目指すことになった。

　とはいえ、今朝は北海道の実家にいたのだ。雪国の極寒な気候からすると天国と地獄ほどの差はある。新千歳から関空に飛んで、さらに台北まで一日でやってきた。ずっと空港や飛行機の機内にいたから、異国を街歩きするのは開放感いっぱいで、羽が生《は》えた気分でもあった。

　歩いていたらたまたまセブン‐イレブンを見つけた。台湾には他にもファミリーマートなど、日本でもお馴染みのコンビニが多数進出している。セブン‐イレブンは都市部であれば、そこらじゅうで見かけるほどで、世界でも五番目に店舗数が多いのだと聞く。

　何とはなしに中へ入ってみる。何とはなしにと言いつつ、あわよくば買いたいものがあった。「OPENちゃん」というキャラクターをご存じだろうか。台湾のセブン‐イレブンのマスコット的存在のキャラクターだ。同社のテーマカラーである緑、赤、橙《だいだい》色の三色のラインが犬の髪型になっているという、愛嬌溢れるビジュアルは、キャラ好きでなくても一度見たら忘れられないインパクトがある。

台湾人にも広く愛されているようで、台北市内には専門のショップまで出店している。以前に、ダッシュボードの上にOPENちゃんのフィギュアを飾っているタクシーに出くわしたこともあった。愛想のない運転手とのギャップが可笑《おか》しくて、後部座席で笑いを堪えたのを思い出す。

台湾の地方へ行くとご当地もののOPENちゃんグッズなども見かける。まるでご当地キティちゃんのようだが、実はこのキャラクターの仕掛け人は日本の電通なのだというから妙に納得がいく。

僕は別に熱烈なファンというわけではない。でも元来がミーハーな性格だからなのか、台湾へ来るとついOPENちゃんグッズを買って帰りたい衝動にかられるのだ。グッズの多くはセブン-イレブンで売られている。ところが、試しに入ってみたその店ではあいにく売っていなかった。いやはや残念である。

気を取り直して、再び夜市を目指した。といっても、五分も歩かないうちに前方に賑やかな明かりが見えてきた。果物を売る露店が数軒並んでいる先を左に曲がると、夏祭りの縁日のような浮ついた世界が広がっていた。

鳥肌が立った。ゾクゾクしてきた。

無数の小さな屋台が甍《いらか》を争っている。繁体字で書かれた屋号の数々が、暗闇の中に浮かび上がり、屋台と屋台の間の狭い通路を老若男女が我先にと行き交う。屋台の前や裏手には、簡易テーブルが設置され、プラスチックでできた座高の低い椅子に腰掛けながらお椀をかき込む男女の姿が目につく。

そこかしこから白い湯気がもうもうと立ち上っていた。汁が染《し》み渡りきったおでんの屋台、客の目の前で豪快に水切りをしている麺の屋台、ぷるるんとした食感が病みつきになる愛玉《オーギョー》水《ピン》という台湾名物のゼリーの屋台などなど、見て回るだけでお腹《なか》が鳴る。どれも堪らなく美味しそうで、優柔不断で欲ばりな旅人には選ぶだけで一苦労という、贅沢な悩みさえ生じがちな、珠玉の空間が目の前にあった。

――アジアへ戻ってきたのだ！　「！」を百個ぐらい書き加えたいほどに僕は興奮していた。この景色の中に身を置けただけで早くももう感無量だった。わざわざ空港から出向いた甲斐があったというものだ。

まずは近くのコンビニでビールを調達する。台北の屋台ではアルコール類は置いていないのだ。飲みたい人は各自で持ち込む必要がある。白地に緑ロゴの台湾啤酒の缶は、日本の缶ビール同様にサイズが二種類あった。当然ながら大きい方にする。レジでお金を支払い、店を出たら即座にプルトップを捻る。プシュッと小気味良い音がして、飲み口からわずかに泡が噴き出した。人目を憚《はばか》らず恥ずかしいが、時間のない旅人なので許して欲しい。仮に時間があったとしても、我慢できないのだが。

この旅、一杯目のビールだった。ぐびぐびぐびっと一気に三分の一ほどを飲み干した。喉が渇いていたとはいえ、我ながら意地汚い飲み方に苦笑する。すぐに空《あ》いてしまいそうだ。もう一缶買っておいた方が良かったかもしれない。まあでも、飲み終わったらまた買いに来ればいい。それよりも今は食事である。

何を食べても外れはない味自慢の夜市であるが、僕には強《し》いて食べたいものがあった。魯《ルー》肉飯《ローファン》である。日本でも一時期静かなブームになったので知っている人も少なくないだろうか。豚のバラ肉を細かくして煮込んだものを、アツアツのご飯にかけてかき込む。豚丼のようでもあるが、見た目はそぼろかけご飯に近い。

台湾グルメの真髄は小吃《シャオチー》にある。断言してしまったが、僕は頑《かたく》なにそう信じている。小吃とは小皿の一品料理のことで、肩肘張った高級レストランというよりは、屋台や街の食堂などで味わえる庶民の味である。

膨大な種類がある台湾小吃の中でも、魯肉飯は群を抜いて際立ったメニューだ。代表選手と言っても過言ではないだろう。台湾の味といえば、小籠包《ショーロンポー》や牛肉麵《ニューローミエン》よりも、僕にとっては魯肉飯なのである。

思い入ればかりが先走ってしまった。寧夏路夜市には、この魯肉飯の発祥とされる店があるのだ。名前を「鬍鬚張《ひげちょう》魯肉飯」という。髭のおじさんをモチーフとしたロゴが目印で、かの有名な鼎泰豊《ディンタイフォン》ほどの知名度はないものの、台湾好きなら誰もが知っている定番店の一つでもある。台北市内の鼎泰豊は、いつ行っても大混雑していて、順番待ちの行列を覚悟しなければならないが、鬍鬚張魯肉飯はそんな心配も無用だ。フラッと入ってサッと食べられる。日本の牛丼チェーンのようでもあるが、牛丼チェーンよりはずっと上品な雰囲気だ。

店のドアをくぐったら、若い店員が笑顔で席へ誘ってくれた。念のため、僕は手に持っている缶ビールを見せ、持ち込みＯＫかを確認する。

「ん？　オーケーオーケー。問題ないですよ」

当たり前だろう、と言わんばかりの心強い返答だ。お墨付きを得られたので、堂々とぐびぐびできる。この店にもアルコール類は置いていないのは知っていた。もっとも、堅苦しいことを言わないのは、台湾らしいゆるやかな流儀でもあり、僕がこの国を愛する理由の一つだ。アジアの国々はどこもそうかもしれないが、僕にとって台湾はことさら居心地がいい。人々が大らかで、かつ朗らかなことに加え、日本人に対しても特別な親近感を持って接してくれる。治安はいいし、縁あれば暮らしてみたい土地に数えられる。

お目当ての魯肉飯に加え、青菜炒め、豆腐を煮込んだものの計三品を注文した。大皿が基本となる中華料理は一人旅だと鬼門で、中国の旅などではいつも歯がゆい思いをさせられるのだが、台湾の小吃は一品が適量なのでストレスがない。一人でも色んな味を楽しめるのは、食いしん坊旅行者にはひそやかな魅力でもあった。

五分も待たずに、注文した品々がテーブルに並んだ。これがヨーロッパだったら、欠伸《あくび》を嚙み殺しながら、いまかいまかと時計と睨《にら》めっこさせられるところだ。以前にローマのテルミニ駅で、列車待ちのわずかな時間を利用して昼食をとろうとした時のことだ。待てど暮らせど出てこなくて、列車に乗り遅れそうになった苦い過去がある。時間に追われる旅人にやさしいのがアジアの食堂だった。

折角なので写真に収めておく。デジカメが普及したことで、飲食店で食べ物を撮る人が激増したそうだ。一人でカメラをテーブルに向けるのは、いささか気恥ずかしくはあるが、もう慣れてしまった。どうせ一

一人旅だと若干恥ずかしいけど、食べる前に一応撮っておく。

期一会なのである。旅の恥は掻き捨てともいう。

食べ物を撮る際は、お皿の配置を少し工夫するだけでもグッと見栄えが良くなる。一秒でも早く食べたい気持ちを堪え、それっぽく並べて何枚かシャッターを切った。アツアツ状態で出てくる中華圏では、写真待ちの時間ももどかしい。

一口運んだだけで、呆気《あっけ》なく頬が緩んだ。美味い！　心の中でひそやかに絶叫しておいた。とろっとろに煮込まれ、適度な甘味を醸し出したそぼろ状の肉片が食欲を刺激する。これほどご飯が進む味もないだろうとさえ思う。つゆだくだった。汁気を帯びた白米が滑らかに喉を通り過ぎていく——あえなく完食。

「おかわり！」

空になったお椀を掲げ上げ、日本語で口走ると、店員のお兄さんがよっしゃという顔をして頷《うなず》いた。二杯目もほとんど待たずに出てきた。心なしか一杯目よりも量が多く見えた。僕の魯肉飯への愛が店員さんに通じたのだろうか。なぜか真剣に写真を撮り、即座に同じものをお代わりしている怪しい日本人（僕のことだけれど）のためにと、気を利かせてくれた可能性は大いにある。

会計をすると、しめて一二五台湾ドルだった。これだけ食べて五〇〇円にも満たないなんて、まったくもって非の打ち所がない。

「アリガトゴザマシタ」

「ありがとう。また来ます」

若い店員さんの拙《つたな》いニホンゴに笑顔で返礼し店を出る。引き続き屋台に突入しようと目論《もくろ》んでいたが、魯肉飯二杯はさすがにゲップが出そうになった。心残りのない満腹感を味わえたのでもう十分だ。時間を確認すると、そろそろ空港へ戻らなければならない頃合いだった。

（5）油断大敵、危機一髪

来た道を引き返し、さっきバスを降りた通りの反対側車線へと横断歩道を渡る。バス停はすぐに見つかった。乗ってきた國光客運とは別のバス会社のようだが、「機場」と看板に漢字で書かれている。機場とは空港のことだ。時刻表らしきものはとくに出ていない。ここで待っていれば、そのうち来るだろうか。

二、三分経って、やっぱりいちおう國光客運のバス停も探してみようと、歩き始めた時だった。追い越し車線でスピードを出していたバスがぐーっと歩道側へ近づいてきたのが視界に入り、そのまま機場と書かれたあのバス停の辺りに停まった。

――くそう、あと少し我慢して待っていれば良かったか。でも、駆け足で戻れば間に合いそうな微妙な距離だった。はあはあ息切れしながら全力で走った。ほろ酔い気味だった身体が悲鳴を上げる。バスの前方ドアまであと数歩というところで、無情にもドアが閉まり発車しようとしている。

——乗ります！　待ってくれ！

顔を引きつらせながら、僕はバスの車体をどんどんと叩いて合図を送った。気がつくか、気がついて欲しい——止まった。再び開いたドアに飛び乗った。

「エアポート？」と確認する。

そうだ、といった感じで運転手は首を縦に振った。早く乗れ、手振りでそう促された。空いている座席に腰を下ろすと、ふううと安堵《あんど》の溜《た》め息《いき》が口をついて出た。

車内は混雑していた。頻繁に停留所があって、客が何度も乗り降りしていく。高速道路の入口をスルーした段になってようやく普通の路線バスなのだと理解した。

まあでも、このまま空港まで連れていってくれるなら文句はない。車内には各航空会社がどのターミナルなのかの案内が英語で張り出されていた。桃園空港には二つのターミナルがある。iPhoneの地図を表示させると、桃園の方角へ北上を続けていた。路線バスとはいえ、空港まで行くのは間違いなさそうだ。

だがしかし——。悲劇は予期しない瞬間にこそ訪れる。

空港のターミナルビルが前方に姿を現した頃には、乗客はあらかた降りてしまっていた。空港行きとはいえ、地元の人たちの日常の足的側面の方が強いのだろう。辿り着くのに、シャトルバスの一・五倍の時間を要してしまった。車内に残されたのは、僕のほかには若い台湾女性二人組だけだった。

降りるべきはターミナル1の方である。ぬかりなく調べてあった。

最初にバスがさしかかったのはターミナル2だった。二分の一の確率での敗北。ツイていない。気が急《せ》いた。

その瞬間、僕は「おやっ」と首を傾げることになる。なんとバスがターミナル2を素通りしたのだ。なぜ？　行き先がターミナル1だとは運転手に確か伝えていなかったはずだ。この時、気がつくべきだった——。

やがてほどなくして、今度はターミナル1の看板が見えてきた。時計をチェックすると、ちょうど二三時になろうとしていた。なんとか間に合った……ん？

僕はにわかに信じられなかった。バスは一向に減速しなかった。ターミナルビルのすぐ脇の幹線道路をぐいぐいかっ飛ばしていく。

まさか——冷や汗が伝ったのと同時だった。

通り過ぎてしまったのだ。ターミナル1も。

この期《ご》に及んでなお、僕は楽観視していた。空港内の道路は複雑なことが多い。バスが通れる道が決まっていて、ぐるっと迂回《うかい》するなりしてターミナルビルに横付けするのかもしれない。

けれど、それは僕の勝手な妄想にすぎないのだとすぐに思い知らされる。光が遠ざかっていく。ぐんぐん遠ざかっていく。そのまま空港の敷地を出てしまった。

「エアポート！」

僕は運転席に詰め寄った。運転手は眉間《みけん》に皺を寄せ、ぶつぶつ何かを呟き、親指で後方を指した。もう通り過ぎてしまったよ、そんな意味合いだろうか。

乗る時に、空港へ行くって言ってたよね。なんで停まってくれないの？　なんで、なんで……。パニックで僕は取り乱しそうになった。

まあまあ、落ち着いて。危ないから席に座ってて。運転手は身振り手振りで取りなそうとする。落ち着いていられる状況ではないのに。

空港を通り過ぎると、途端に寂しい風景に変わった。暗闇の中をバスは駆け抜けていく。やがて小さな町に入り停車した。車内の明かりが点灯した。女性二人組が立ち上がった。バスの終点だった。

運転手は僕を促し、反対車線へ行けと言う。エアポート？　そうだ。あそこで待っていればバスが来る。言葉が通じないはずなのに、お互い言っている意味は完全に通じ合っていた。追い詰められると潜在能力以上の想像力が発揮されるのだろうか。

言われた通りに反対車線へ渡る。振り返ったら、バスは薄情にもそそくさと走り去ってしまった。暗がりの中、セブン‐イレブンが一軒だけポツンと佇んでいた。もうＯＰＥＮちゃんどころではない。道を行く交通量は果てしなく少なかった。たまに思い出したように自家用車が通りかかるが、バスどころか、タクシーすら走っていない。

——大ピンチだ。このままでは間に合わない！

荷物預かり所が閉まってしまう。ＬＣＣだから明日の便に振り替えることもできない。その先もフライトスケジュールが詰まっている。ここで躓《つまず》いたら、すべてがオジャンなのである。まだ一日目、旅は始まったばかりなのに……。

「空港へ行きたいの？」

英語？　声がした方に身体を向けると、バスで一緒だった女子二人組の姿があった。暗がりに放り出された惨めな異邦人を見かねたのか、それとも若者特有の異文化へ対する好奇心からなのか。おそらく前者の理由が主なのだろうが、声をかけてきた女の子のどこか身構えた表情から察するに、それら両方でありそうでもあった。二人組の片割れは、無言で後ろからおそるおそる僕の様子を窺《うかが》っていた。

「急いでるんです。ここで待っていたらバスが来るって……」

女の子は肩を竦《すく》めた。来るかもしれないし、来ないかもしれない。来るとしても、いったいあとどれぐらいで来るかなんて分かるはずもない。哀れむような瞳がそう物語っているようにも思えた。

二人組は現地の言葉で何やら相談を始めた。この日本人、どうしよう……降って湧いた交流劇に戸惑うだけでなく、空港への行き方を思案してくれていると良いのだが。まったく想像もつかないような、ウルトラC級の善後策が提示されることを祈った。強く願った――しかし彼女は首を振った。華麗な解決案は出なかった。

「時間がないんです」

僕は左腕の手首を指差しながら、さらに顔を歪《ゆが》めた。それを見て、二人組は一層困惑の表情になる。

たぶん、この子たちは僕より一〇歳以上は若いだろう。おそらく二〇歳《はたち》前後。いい歳こいたオヤジが、若い女子に助けを乞《こ》うているこの状況は、端から見たら滑稽に映ったに違いない。でも、見栄は捨てた。僕は女々《めめ》しく縋《すが》るしかなかった。

どれだけその場所にいただろうか。僕たち三人は、深夜の見知らぬ町の路上になす術もなく立ち尽くしていた。いや、彼女たちにとっては見知った土地か。早く家に帰りたいだろうに、面倒に巻き込んでしまい申し訳ない。

「……バス、来ないですね」

共通の話題はないし、冗談を言っておどける状況でもない。お互い苦笑いを頬に貼り付けるだけの時間が続いた。

もし旅の神様が存在するのなら、僕はまだ見捨てられていなかったといえる。

奇跡が起きたのだ。

深い闇の奥に小さな明かりが灯《とも》った。静寂の中に車の排気音がこだました。

「あっ、タクシー」

僕は車道に走り出て、大きく両手を振った。逃すわけにはいかない。外出しようとしたら飼い猫が玄関から逃亡してしまい必死に捕獲を試みる、東京での日常の光景がなぜかフラッシュバックした。猫は手の届かない塀の上へピョーンと飛び上がり僕は途方に暮れるのが常だが、幸いタクシーは逃げなかった。

ブレーキを踏んだのか速度を落とし——僕の前で停まった。後部座席に飛び乗り、「エアポート！」と叫ぶ。

窓の外から、女の子がターミナル1か2か訊くので、ターミナル1だと答えると、運転手に通訳して指示してくれた。優しいだけでなく、気が利く台湾女子だった。

「しぇいしぇい」ありがとう。僕はお礼を口にするしかできない。

考えたら、彼女たちには義務も責任もなかったのだ。置き去りにされても文句は言えないシチュエーションだ。一緒に待っていてくれるだけでも心強かった。運転手がサイドブレーキを下ろした。もう一度「しぇいしぇい」と二人に精一杯の感謝の意を伝える。手を振って見送ってくれた。

台湾がますます好きになった。


車が空港に着いた時には、二三時半をとうに過ぎていた。メーターに表示されている数字が「175」だったので、僕は一〇〇台湾ドル札を二枚、運転手に手渡しそのまま車を降りた。お釣りをもらっている時間ももどかしかった。

滑り込むように建物の入口に突入した刹那《せつな》、iPhoneが着信音を鳴らした。台湾のSIMカードを挿している。番号を知っているのは——荷物預かり所か。確か、電話番号を記入していた。待てども現れない客に業《ごう》を煮やし、確認の電話をかけてきたのだろうか。ともかく、まだ人がいてくれそうだ。

窓口の明かりはまだ消えていなかった。預けた時に応対してくれた女性が、僕の姿を視認し頬を緩めた。間に合ったのだ。荷物を置き去りにして、次の国へ移動する愚を犯さずに済んだのだ。

何を隠そう、僕には前科があった。失敗や失態といった苦い思い出だけは、いつまで経っても色褪《いろあ》せない。

あれは初めての海外旅行の、初めての移動日の前夜のことだった。タイのバンコクに泊まっていた。カオサンの一泊二五〇バーツの安宿の、一軒隣の洗濯屋に僕は洗濯物をお願いしていた。最終的に一年半にも及ぶ長旅となるのだが、その時はまだ日本を出てから数日しか経っていなかった。つまり、持っていた衣類は、よれやほつれが少ない、真新しいものばかりだったのだ。旅の日数に比例する形でやがて衣類も草臥《くたび》れていくのだが、当時はそんなことを想像さえできない旅の入門者だった。

訪れた時には、洗濯屋のガラス張りのドアには鍵がかかっていた。店の中は消灯している。すでに日も落ち、通りでは酔っ払った白人バックパッカーが気勢を上げている時間だった。その日の営業は終了していたのだ。

翌朝早くにカンボジアへ移動することになっていた。出発直前、まだ夜が明けきらない薄明かりの中再度訪れてみたが、ドアは無情にも施錠されたままだった。

結局どうしたかというと、バンコクを発《た》ってしまった。

着るもののラインナップが乏しくなった。一着五〇〇〇円以上もしたお気に入りのTシャツなんかも含まれていたが、諦めて移動先のカンボジアで二ドルのちゃちなTシャツを買って凌《しの》いだ。

あの洗濯物は、その後どうなったのだろうか――。

五年後、僕は再びカオサンのその洗濯屋の前を通りかかる機会に恵まれた。正確には洗濯屋がかつてあった場所の前を通りかかった。店はなくなっていたのだ。

閑話休題。台北では、あの大失敗の二の舞にならずに済んだのだ。安心したら、どっと力が抜けた。期せずして、今回も旅の初っ端、一ヶ国目から二ヶ国目への移動を控えている局面で迎えたピンチだった。今更ながら、カオサンでの負けを取り戻した心持ちになった。気を取り直して二ヶ国目へ出発しなければならない。

次の国は――フィリピンだ。マニラへ飛ぶ。

乗る飛行機は、セブパシフィック航空。フィリピンのLCCである。

桃園空港の、この日最後のフライトのようだった。他のチェックインカウンターはすべてクローズしていて、人気《ひとけ》がない。空港自体がとても閑散としていて、がらんとした空間に物寂しさが募る。残っているのは、セブパシフィック航空の列に並ぶ者たちと、同社のわずかなスタッフのみである。

深夜のこの時間にもなると、もしかしたら空港の使用料がディスカウントされるのかもしれない。あからさまに貧乏籤といった感じの、隙間ともいえる不便な時間帯をあえて選ぶのがLCCの流儀のような気もした。

搭乗手続きをしていると、またしても片道航空券なのが問題になった。フィリピンを出国する便のイーチケット控えを提示し、事なきを得る。荷物は一二キロだった。今朝新千歳空港で計測した際と変わりはない。

……ん？　今朝は北海道にいたんだっけ。なんて長い一日なのだろう。これからまた飛行機に乗るなんて、自分のことながら、いい歳して無茶をするものだ。

イミグレーションの窓口は一ヶ所しか開いていなかった。短い滞在時間だったが、いちおう日付が変わったので、入国スタンプと出国スタンプが同日という事態は免れた。

制限エリアに入っても、もぬけの殻だった。免税店はあらかたシャッターが降りていて、行き交う人もいない。かろうじて一軒だけやっていた店があって、同じ便に乗る者たちが、仕方なく皆そこに吸い込まれていく。僕も煙草をワンカートンだけ購入した。マイルドセブンが四九〇台湾ドル。約一三五〇円は、日本の空港の免税店と比べても半額近い。

搭乗口の前が待合室のようなスペースになっていて、行き場のない乗客たちで座席の奪い合いになっている。これから海外へ行くのだという華やかさみたいなものは微塵《みじん》も感じられなかった。無理もない、か。みんな眠そうだ。僕も何度も瞼《まぶた》を擦《こす》った。

ｉＰｈｏｎｅのバッテリー残量が一〇パーセントを切ったので、コンセントを探した。充電用に電源を取れるテーブルを見つけたが、限られた差し込み口も、すでに先客たちに占有されていた。フィリピン人らしき、中華系の台湾人とは明らかに異なる、浅黒い肌の男がスマートフォンを抜いた隙をついて、素早く充電隊に混じった。しかし関空に引き続き、ここでも随分早くに搭乗開始となり、ほとんど充電できずに列に並ばなければならなくなった。

僕自身の電池も切れそうだった。今朝は五時過ぎに目を覚ました。考えたら一昨日も四時起きだった。心身共に消耗しきって、弱音を吐きたくなっていた。無事に次の便に乗れる段になって、緊張の糸がするすると解けて

空港の待合室にも夜市の壁画が。台湾のハイライトなのね。

しまったのだろうか。太刀打《たちう》ちできない眠気に襲われ、思考力が低下しているのが自分でも分かった。

座席について、空気式の首枕に頭を埋《うず》めた瞬間、ふっと意識が遠のいていった。相変わらず座席間隔が異常に狭いが、諦めの境地に達したのか、さほど気にならない。今は一秒でも早く眠りにつきたい――。瞼が閉じる寸前に、「そういえばさっきのバス代払ってないや」と先刻の記憶が頭をもたげた。

（6）依然として宿なし

目を覚ました時には空の上だった。毎度お馴染みのパターンである。飛行機ではよく寝られる人間だが、離陸するより早くコトンと眠りに落ちてしまうのもいつものことだった。

意地汚くもう少し惰眠を貪《むさぼ》ろうかとも考えたが、機内アナウンスによるとなんともう着陸態勢に入っているという。慌ててカバンからガイドブックを取り出した。着いてからのことをそろそろ予習しなければならない。

実はフィリピンは初めて訪れる国だった。だから唯一ガイドブックを持参していた。アジアに関してはだいぶ行き尽くした気でいたが、世界は広い。近頃は同じ国を繰り返し訪れてばかりだったから、知らない国へ行くのは新鮮だった。

おまけに、マニラは治安に少々難があると聞いていた。デンジャラスシティの呼び声高い街に真夜中に着くのは、緊張感も伴う。僕はどちらかといえば臆病な旅人だ。いや、どちらかといわずとも、チキンそのものともいえた。危険だといわれたら、素直に恐怖が勝る。買ったきり一度も開いていなかったガイドブックをぱらぱらめくり、空港から市内までの行き方を調べる。付け焼き刃ではあるけれど、最低限の知識だけでも押さえておきたい。

ふと隣の席のシートポケットに目が留まった。入国カードらしき紙きれが挟まっている。寝ているうちに配られたのだろうか。気を利かして僕の分もキープしておいてくれてもいいのに……ぼやきたくなる。僕は臆病なだけでなく、図々《ずうずう》しい旅人でもあった。そういや機内販売はあったのだろうか。あまり乗る機会のない航空会社であるから、注意深く観察眼を働かせようと企んでいたのだが、眠気に完敗してしまったようだ。

セブパシフィック航空の噂《うわさ》はよく耳にしていた。LCCでありながらも着々と成長を重ね、いまやフィリピンのフラッグキャリアであるフィリピン航空をもシェアで抜き去ってしまった。国内線の供給座席数だけを比べると、フィリピンは全世界でも第三位と大健闘しているのだが、背景にはセブパシフィック航空の躍進があるようだ。日本にも早くから就航を果たしていて、関空〜マニラ路線が現在も継続している。台湾を経由せずとも、関空から真っ直ぐマニラへ飛ぶこともできなくはなかった。

わざわざ台北に立ち寄らなければ、今頃はふかふかのベッドの上で鼾《いびき》をかいていられたのだが、それを言っても始まらない。

紆余曲折《うよきよくせつ》はあったものの、晴れてフィリピンの土地を踏むことになった。

マニラのニノイ・アキノ国際空港に到着した。イミグレーションの手前に、入国カードの記入台があった。元はペンが付いていたらしき紐《ひも》の先がちょん切れているのを目にして、この国がどんなところなのかがうっすらと想像ついた。自前のボールペンを取り出し空欄を埋めていく——やけに項目が多い。

同じ便に乗ってきた者たちが目の前で長い列を作っていた。出遅れてしまった。機内で書き終えていないと、時間を大幅にロスする要因にもなる。最後尾におずおずと並ぶしかなかった。

ディプロマット用のカウンターが捌《さば》けたところで、係官が僕たちの列に向かってこっちへ来いと手招きした。こういう時はちゃっかり移動してしまうに限る。おかげで待つ時間を少しだけ短縮できそうで、心の中で静かにガッツポーズを決めた。

僕のすぐ前に若い男性が二人並んでいた。日本語が聞こえてくる……あれ、日本人？　大学生なのだろうか。旅に擦れてしまった大人とは一線を画した初々しさが全身から滲《にじ》み出ていた。肌もなんだか真っ白い。聞こえてくる言葉が関西弁だった。僕と同じ便で大阪から来たのだろうか。

「フィリピンには何日滞在しますか？」

彼らの番になり、小太りの係官が英語で質問した。間近だったので、やりとりの一部始終が後ろで待っている僕の耳にもはっきり届く。

「……ええと、ホ、ホリデイ」

二人の若者は顔を見合わせ頬を掻きながら、そう答えた。何日滞在しますかと訊かれホリデイって……答えになっていない。その後も「ホテルの名前は？」などなど、お決まりの質問を係官は向けたが、会話はまったく嚙み合っていなかった。若者は英語がまるで分からないようだった。

同じ日本人ということもあり、助け船を出そうかとも思ったが、係官は怪訝《けげん》な顔を浮かべながらも最終的にはスタンプを押してあげたようなので、自分事のように安堵した。それにしても、結構根掘り葉掘り訊いていたのだ。入国審査での突っ込みは僕もいつも緊張する。僕のパスポートには、あまり普通の人が行かないような国々のスタンプがあったりするせいか、疑いの眼差しで接せられることも少なくない。

やおら身構えながら、小太りの係官に対峙《たいじ》する。僕の顔を軽く一瞥し、ポンッとスタンプを押した。えっ、もう終わり？　質問されるどころか、入国カードもろくにチェックしていなさそうだった。うーん、なぜだろう。自分で言うのも何だけれど、さきほどの若者たちよりも、僕の方がよっぽど怪しい人物に見える気がするのだが。

荷物をピックアップし、「Nothing to declare」と表示された緑色の出口を通り抜けようとしたら、近くにいたおばちゃんに呼び止められた。なんだろうか。荷物を開けさせられたら嫌だなあとたちまち警戒信号が点灯する。

税関申告書を出せという。入国カードを書いた時に、一緒に記入していたのでそれを手渡すと、中身は確認せずに顎《あご》をしゃくった。もう行っていいらしい。なんだなんだ、焦って損した。

到着ロビーに出る直前、両替所があったので五〇〇〇円だけフィリピンペソに替えてみた。二六〇〇ペソになって戻ってきたが、レートがいいのか悪いのかよく分からない。普段はこんな場所で両替なんてしないのだが、深夜に未知の空港というシチュエーションであることを鑑み、安全策をとったのだった。以前に、ブルネイのダルエスサラーム空港に夜中に着いた時には、空港内の両替所やATMがすべて閉まっていて途方に暮れた経験があった。

案の定、外へ出るとお店の多くがクローズしていた。例によってSIMカードを買おうとするも、携帯電話会社のカウンターには誰もいない。

建物を出ると、むわっとした南国特有の湿った熱気と、タクシーの客引きらしき男たちがまとわりついてきた。前者は大歓迎だが、後者はできればあまりかかわりたくない。タクシーには乗るとしても、向こうから声をかけてくるパターンは要注意だと、これまでの旅の経験から学習している。しかも、マニラである。白タクに乗ったら、暗がりに連れ込まれ……なんて事態に巻き込まれたら目も当てられない。

頑なに無視を決め込んでいると、客引きはあっさりと引き下がっていった。あまり押しは強くないようだ。入国審査、税関に続き、ここでも三度拍子抜けさせられる。

灰皿を見つけたので、台北の免税店で買った煙草を取り出す。真っ黒に爛《ただ》れた肺や、赤黒く穢《よご》れボロボロになった歯など、おぞましい写真がこれ見よがしに貼られたマイルドセブンのパッケージに萎縮《いしゅく》させられるも、気にせずシュッと火をつける。

――さて、どうしようか。

時計を見ると、間もなく四時になろうとしていた。深夜というより、もう早朝といった時間帯だ。できれば横になって休みたいが、ホテルに行くには早すぎる。常識的に考えると、チェックインは昼過ぎだろう。

でも、ここはアジアである。案外融通が利いたりもする。部屋が空いてさえいれば、時間外であってもチェックインさせてくれることも少なくない。それに、このまま空港にいてもすることはないし、埒《らち》があかなかった。

意を決して街へ出ることに決めた。

案内所でクーポン制タクシーの乗り場がどこか尋ねると、「右方向に進んで下さい。ビーエイトと書かれた場所にあります」と教えられた。

ビーエイト、B8か。ウロウロ彷徨《さまよ》っていると、首からIDらしきカードを提げた男が寄ってきた。

「タクシー？」

また白タクの客引きかな、と訝ったが、近くの柱を見ると、「Bay8」と書いてあった。なるほど、B8ではなくBay8か。聞き間違えていたらしい。

「エルミタまでいくらですか？」

「五三〇ペソです」男は即答し、定額制なのだと続けた。お金は降りる際に運転手に直接支払うシステムだという。

僕が了承すると、近くに停まっていた白いワンボックスカーの運転手を手招きした。随分いい車だった。五三〇ペソは一〇〇〇円以上である。ランクの高そうな車は、空港からの乗り物としてはハイソな部類に属するのであろう。行き先であるエルミタと、車のナンバーを書いた用紙をもらった。同じものを運転手にも渡していた。別段怪しいところはなさそうだ。

「ミスター、ホテルはどこですか?」

車内に乗り込むと、運転手が首だけこちらに向けた。予約してあったホテルの名前を告げると、運転手は「オーケー」と頷き車を発進させた。

「知っているんですか?」

「イエス」

別に名の知れた高級ホテルとかではないのだが、有名なのだろうか。

空港を出てすぐのところに華美な装飾が目を引く巨大な建物があった。ホテルらしいが、トランジット用の簡易宿泊施設というよりは、一大アミューズメントといった装いだ。ドライバーによると、中にはカジノまで入っているのだそうだ。

市街地に入ると、こんなに遅い時間でも、ネオンが灯った飲食店がちらほら目につく。フィリピンは夜遊び天国としても名を馳《は》せているが、早くもその不夜城ぶりの片鱗が垣間見え、僕は目を瞬《しばた》かせた。

とはいえ、ホテルの近くまで来ると、途端に薄闇の寂しい世界に変わった。開いているのはコンビニぐらいで、街は深い眠りについている。歩いている人がほとんど見られず、ゴーストタウン化した通りに怖気《おぞけ》を震った。無防備な旅人が放り出されたなら、たちまちのうちに狩られてしまいそうな危うさを孕《はら》んでいるようにも見えた。

——門前払いされませんように。

祈る気持ちでホテルに到着した。料金から予想していたよりもずっと綺麗で大きいことに驚かされた。ロビーには大きなソファが何組も設《しつら》えられていて、ビジネスホテルよりはワンランク上の宿のようだ。

レセプションには誰もいなかったが、ガラガラ音を立ててカバンを引きずりながら現れた僕に気がついたのか、奥から若い女性スタッフが一人出てきて会釈した。

「——ええと、予約をしているヨシダといいますが」

自分でも図々しいなあとは自覚している。でも多少の厚かましさがないと、泣きを見る結果になることも多いのがアジアの旅なのだとも知っていた。

「ミスター、ヨシダ……」

女性は僕が提示したパスポートとパソコンの画面を見比べ、わずかに眉根を寄せたあと僕に向き直った。

「……明日の夜で予約が入ってますね」

仰る通りである。分かっていて、のこのこやってきたのである。確信犯なのである。

「やっぱり、早すぎますよね？」

「チェックインは二時なんです。今は……」女性が壁の時計に視線を送る。言葉の先を僕が引き取る形で言った。

「まだ五時前ですね。部屋は空いてないですか？」

「部屋は空いていますが……。うちはアーリーチェックインのレートはないんです。今から泊まるのでしたら、一泊分の代金が必要になります。しかもラックレートになるので、お値段が……」

ラックレートとは正規料金、いわば定価のことである。中級以上のホテルの多くがそうだが、直接ホテルに支払うとラックレートの割高な料金なのが常で、予約サイトなどの代理店を通した方が安く上がる。

「ラックレートだといくらになるんですか？」

「二六〇〇です」

女性は申し訳なさそうな表情を浮かべ答えた。通貨単位はフィリピンペソである。咄嗟《とっさ》に計算できないので、ｉＰｈｏｎｅの為替レート計算アプリに打ち込んでみる。二六〇〇ペソは——約五〇〇〇円らしい。そういえば空港で五〇〇〇円両替したら二六〇〇ペソになって返ってきたのだ。だいたい一ペソが二円弱のようなので、高めに見積もって、数字を二倍したら日本円換算になるというわけだ。

しかし五〇〇〇円は高すぎだった。多少の出費であれば致し方ないと割り切りたい状況だが、今からだと半日分もないのだ。仮に予算が潤沢にあるとしても、代理店に支払済みの一泊分の料金よりもずっと高額なのは口惜しさが残る。

誤解されたら嫌なので念のため書いておくが、宿泊代は自腹である。

今回の旅はいちおうはこうして本にする前提の旅ではあった。つまり取材と言えなくもないのだが、誰かが肩代わりしてくれるわけでもないから、必然的に使える予算には限界が生じる。そもそも、ＬＣＣを乗り継ぐ旅なのだ。極端な貧乏旅行をする気こそないものの、切り詰められる部分では出ていくお金を抑えたいのが本音でもあった。

僕は下唇を突き出し、うーむと唸《うな》った。絞るような眼差しに耐えきれなくなったのか、非常識な客に同情を感じてくれたのか。女性はどこかへ電話をかけ始めた。もしかしたら……。期待が高鳴る。受話器を置いた彼女はこう言った。

「八時まで待てますか？　本当は駄目なんですが、八時に入れるよう調整してみます」

おおっ、無茶を言ってみるものである。願ってもない有り難い提案だった。八時まではあと三時間ある。今すぐ入れないのは仕方ないだろう。三時間ぐらいなら……。

女性に促され、ロビーのソファに身体を預けた。クッションが効いたふかふかのソファは、乗ってきた飛行機の座席とは比べものにならない快適さだ。外へ出てもすることはないし、何より危険が伴う。このまま八時までここにいよう。

意を決した途端、再び猛烈な睡魔に急襲された。気張っていたものが霧散し、リラックス態勢に入る——うとうとうと。そのままソファと一体化しながら僕は舟を漕《こ》いでしまったのであった。

(7) マニラの洗礼

覚醒しきれていないぼんやりとした意識の中で、誰かが身体を揺すっているのが分かった。

「ミスターヨシダ、起きて下さい。部屋の用意ができました」

ハッと目を開けると、フロントの女性が困惑した顔を僕に向けている。すっかり眠りこけてしまったようだ。外はもうだいぶ明るくなっており、ロビー横のレストランには若干の人の気配が漂う。朝食ビュッフェが始まっているようだった。時計を確認すると、六時を過ぎたところだ。眠っていたのは一時間ぐらいか。

「まだ八時ではないような……」

「もう大丈夫です。これが部屋の鍵、三一一号室になります」

どういうわけか、時間前に部屋に入れることになった。

ロビーはホテルの顔であり、人目につく場所だ。他の宿泊客が起きてくるにつれ、涎を垂らして熟睡している僕の存在が目に余るようになったのかもしれない。哀れに思って、フロントの女性が上手く取り計らってくれた可能性も高い。思えば台湾でも若い女性二人組に助けられた。今回は現地の人のご厚意に甘えてばかりなのだ。「今回は」というより、「今回も」と言った方がより正確ではあるが。

エレベーターを上がりドアを開けた瞬間、口元がニヤリと緩んだ。北海道の実家を出発してからかれこれ二四時間以上が経っていた。これほどベッドが愛《いと》おしいと感じたのも久しぶりだった。

カバンを開けるのは後回しでいいだろう。着ているものを脱ぎ捨て、ふらふらと倒れ込む。随所で仮眠をとっているとはいえ、全身を横たえて寝られることに幸せを噛みしめざるを得ない。さらなる眠りの世界へと旅立った。

ところが夢の世界への旅は、意外にも呆気なく幕を閉じる。疲労困憊《こんぱい》しているはずなのに、数時間でスッキリ目が覚めたのは、異国の地にいる興奮がなせる業《わざ》なのだろうか。目覚ましをセットしたわけでもないのに、午前九時半には起きてしまった。

とりあえずシャワーを浴び、身支度を整えたら、街へ繰り出すことにした。お腹が鳴っていた。単に空腹だっただけかもしれない。

エルミタ地区に宿を取ったのは特別な理由はない。予約サイトを物色したらこのエリアの宿がとりわけたくさんヒットしたから、きっと便利なところなのだろうと推測し決めただけだった。改めてガイドブックを読んでみると、エルミタは世界遺産の教会がある旧市街地に隣接しており、レストランやショップが多く、確かに旅行者向きの街のようだった。

いずれにしろ、マニラに関する知識は乏しい。土地勘はないし、案内してくれるガイドさんもいない。さしあたっては、闇雲に歩くのみである。

ホテルの近くに「ロビンソン」というショッピングセンターがあった。中へ入ってみると、まずはその巨大さに息を呑《の》んだ。アジアの都市にはこの手の大型ショッピングセンターは珍しくない。特徴は似通っている。多くは吹き抜け構造で、フロアを移動するためのエスカレーターがなぜか不規則に設置されていたりして、迷路のようなつくり。マニラのロビンソンもご多分に漏れずという感じで、どこかで見たようなショッピングセンターだった。

ただし、あまり高級な店は入っていない。名の知れたブランドのブティックもあるにはあるが、庶民的な雰囲気は損なわれていない。吹き抜けの一階広場が露店で埋め尽くされ、雑然としているのを目にし、いかにもアジアだなあと嬉しくなった。

まずは腹ごしらえといきたい。幸いなことに、レストランが集まった一画はすぐに見つかったが、お昼時なのかどこも混雑している。折角なのでフィリピンらしい料理を食べたいと思いつつも、どういうわけかファーストフード店ばかりが目につく。日本でもお馴染みの有名チェーンだけでなく、よく知らない地場の店らしきファーストフード店も多い。メニューを覗き見して、僕はおやっと首を傾げた。

　掲げられている写真付きのメニューには、ハンバーガーやフライドチキンといったありふれた料理ばかりが並んでいる。見知ったはずの料理なのだが、何かがおかしいのだ。

　違和感の正体を知って、首を傾げる角度がさらに増した。お椀型に盛られた白いご飯や、スパゲティ、それらがハンバーガーやフライドチキンと一つのプレート上に共存しているのだ。ハンバーガーの付け合わせといえばフライドポテトだという先入観を抱《いだ》いていたわけではないが、白いご飯やスパゲティと一緒に食べるなんて、自分の価値観にはない食べ方である。

ロビンソン・デパートはエルミタ地区のランドマーク的存在。

すぐに思い至ったのはこの国の歴史背景だった。第二次大戦以降、フィリピンを主導下に置いてきたのはアメリカである。そう考えると、やけにファーストフードが幅を利かせている状況は腑に落ちるものがある。一方でフィリピンはアジアでもあった。ハンバーガーは食べるけど、ご飯も捨てがたい。ならば一緒にしてしまおう。僕の勝手な想像だが、おそらくはそういうことなのかなと。

のちに、この一風変わったファーストフードこそが、もしかしたら最もフィリピンらしい料理なのかもしれないと思い知らされることになるのだが、それはまた追って書いていく。

一つのお皿にフライドチキンとライスとスパゲティに加え、さらにはなんとピザまで載った、ある意味豪華すぎる一品を注文してみた。その店で最も値が張るプレートで、一五〇ペソだった。我ながら食い意地が張っているが、怖いもの見たさのような気持ちも半分ぐらいはあっただろうか。

残念ながら、美味しくはなかった。ただでさえ胃にもたれそうなラインナップなのに、味付けが妙に甘くて持て余してしまう。なんとか完食したが、「次はないかな」が正直な感想だ。謎なのが、店自体は異様なまでに混雑していたことだ。僕がこの店に決めたのも、人気店に見えたからだった。客足は絶えず、やがて行列ができ始めた。席が空くのを立って待っている人までいるほどで、まるで話題のラーメン屋のようである。

ローカルの人たちで賑わっている店は外れが少ない——見知らぬ異国で美味しいご飯にありつくための、自分なりの旅の方程式である。ところが、その式が通用しなかったのだ。エアコンの効きすぎた店内にぶるぶる身体を震わせながら、僕はフィリピン人の味覚に懐疑の念を抱いた。

気を取り直して次に訪れたのは、携帯電話のショップだ。ＳＩＭカードを空港で買いそびれていた。

この手のものにはなぜかとても嗅覚が働く。根っからのオタク人間なのだ。呼び寄せられるようにしてすぐに見つけた。三畳ほどの面積しかない小さな店や、カウンターのみの露店に毛が生えたような店が一堂に会している一画があった。携帯電話やスマートフォンが剝き出しのまま売られている。怪しげな様は絵になる。

アジアを旅しているといつも疑問に感じることだが、同じジャンルの店ばかりが一極集中的に同じ場所に固まっているのは、商売としてメリットがあるのだろうか。散らばって入る方が競合せずに済むのでは……と余計なお節介を焼きたくなった。

たまたま目が合った売り子さんに訊いてみると、ＳＩＭカードの束がカウンターの上に並べられた。パッケージに書かれている電話番号から、客は好きなものを選ぶ方式のようだ。電話番号なんて何でも構わないと思う向きもあるだろうが、アジアの人たちは案外こだわりが強いことを僕は知っていた。

「１１１１」みたいなゾロ目はさすがに手に入らないものの、国によっては人気のラッキーナンバーなんてものもある。たとえばタイでは、「９」が仏教的に縁起の良い数字とされていて、９が多く含まれる番号は争奪戦となる。

僕自身は番号へ対する思い入れはない。適当な番号を選び、お金を支払った。一五〇ペソだったが、後で見たらパッケージには「Ph100」とシールが貼ってあった。五〇ペソも高いのは、ボられてしまったのだろうか。

ｉＰｈｏｎｅを差し出すと、店員さんがＳＩＭの初期設定などを済ませてくれた。通常サイズのカードだったが、店も心得ているらしく、専用カッターをカウンターの下からやおら取り出し、パチンと切ってくれた。

知らない方のために補足しておきたい。ｉＰｈｏｎｅなどのスマホを使っていない人には少しだけ難解な話にはなってしまうのだが、現代の海外旅行ではもはや必須リテラシーの一つだと思うので触れておいた方が良いだろう。ｉＰｈｏｎｅは全世界で一億台以上も普及している。日本以上に海外では人気で、人々の日常の道具として根ざしている印象さえ受ける。

ｉＰｈｏｎｅ４／４Ｓ以降では——ついでに言うとｉＰａｄもだが——ＳＩＭカードのサイズが通常より小さい。「マイクロＳＩＭ」という名で区別され、通常ＳＩＭはそのままでは使用できないのだ。国や携帯電話会社によっては、通常ＳＩＭとマイクロＳＩＭの二種類が用意されているケースも近頃は少なくないのだが、中にはまだ通常ＳＩＭしかない国も存在する。

そこで登場するのが、専用カッターというわけだ。穴あけパンチのような形状をしており、通常サイズのＳＩＭをｉＰｈｏｎｅ用のマイクロＳＩＭのサイズにカットできる。マニアックなアイテムかもしれないが、モバイル活用派の旅人の世界では持っていて当たり前の必須ツールである。日本でも専門店で一〇〇〇円ぐらいで買える。

アジアでは、携帯電話屋にこの専用カッターが用意されていたりする。元々売られているのは通常ＳＩＭしかない場合でも、ｉＰｈｏｎｅを使用している客のために、サービスでカットしてくれるのだ。マニラのその店もそうだった。

フィリピンのＧｌｏｂｅという携帯電話会社のＳＩＭだった。丸一日通信し放題で五〇ペソ。約一〇〇円はほとんどタダみたいな金額だ。日本のスマホを持ってきてローミング使用したら三〇〇〇円弱だから、コストは三〇分の一で済む。

ｉＰｈｏｎｅなどのスマホがネットに繋がるなら、無線ＬＡＮが使えるカフェを探す必要もない。携帯電話の電波であれば、世界中のかなりの辺境地であっても拾う。この目で確認したが、あのサハラ砂漠でさえアンテナが立っていた。ネットに常時接続した状態で旅が可能になった。今更スマホ以前の旅には戻れない――。

話が脱線してしまった。マニラの旅である。腹ごしらえをし、ネットにも繋がるようになって、いよいよ観光に出発する準備が整った。

エルミタ地区の北の外れに巨大な公園がある。リサール公園というらしい。マニラの主要観光スポットの多くは、その公園を抜けた先に位置しているとガイドブックに書いてあった。iＰｈｏｎｅの地図を見ながら、まずは公園の方向へてくてく歩いていった。といっても、ロビンソンからはすぐの距離で、五分も歩かないうちに南国の木々が茂った緑の世界に到着する。

池のほとりで団欒《だんらん》している家族連れの姿が目につく。ゴザを敷いて、飲み物や食べ物を並べている。ピクニックだろうか。見ているだけで和む光景だが、極寒の北国からやってきた者からすると、羨ましくもあった。

マニラは暑かった。常夏《とこなつ》の国であるから当たり前ともいえたが、台湾は思いのほか涼しかったし、その前は北海道にいたのだ。

――東南アジアへ来たんだなあ。

半袖で出歩けることにニンマリした。けれどそれも最初のうちだけで、やがて日陰を辿りながら歩を進めるようになった。汗が止めどなく流れ落ちる。容赦なく照りつける陽射しに、まだ身体が適応できていなかった。

男に突然声をかけられたのは、木陰で地図に目を落としていた時のことだった。振り向くと、馬が停まっていた。なるほど、馬車の客引きである。観光地の風物詩ともいえる存在だが、今更乗ることはほとんどない。僕は無視を決め込んだ。

ところが男はしつこかった。三〇分で二五〇ペソだという。高いのか安いのか判断できかねるが、ツーリストエリアで向こうから声をかけてくるパターンで安すぎるなんてことはまずあり得ない。男は用紙を取り出した。料金表のようだった。三〇分二五〇ペソは決められた価格なのだ、なんてことを言いたいらしい。

普段ならまず相手にしないはずの馬車に乗ることにしたのは、心に引っかかるものがあったからだった。公園から先へ進む道が、やけに閑散としているのだ。裏通りといった感じで、いささか不気味に思えた。歩道が途切れていて、車道にはみ出ながら歩く形になるのだが、交通量は少ない。

嫌な予感がした。危険を知らせる黄色シグナルが点灯したのだ。過剰意識かもしれないが、旅先で何より頼りになるのはこういった第六感でもあった。

「これは国立図書館だ。あっちが博物館」

パッカパッカと進んでいく馬車の後部座席で、男の説明に曖昧に相づちを打つ。ガイドをして欲しいと頼んではいないが、男は上機嫌らしくいつまでも喋《しゃべ》り続ける。

「彼女はいるか？」何の脈絡もなく、怪しげな方向に話が変化した。

「ん？　彼女はいないけど、奥さんはいるよ」

「フィリピーナかい？」

「ちがうちがう。日本人だよ」

「だったら、フィリピーナの彼女も作るといい。良かったら紹介するよ」

「…………」

御しやすい外国人観光客と見くびられたのだろう。アジアではありふれた誘惑話だが、男だけで旅していると、下卑た笑いを向けられるのは仕方ないともいえた。突如としてポン引き化した馬車使いの男を無視し、カメラのシャッターを何枚か切っているうちに、城塞の入口に到着した。

イントラムロス——スペイン統治時代に造られたマニラの旧市街地だ。城塞に囲まれた歴史を感じさせる立地が旅心をくすぐる。

城塞の中までは馬車は入れないらしく、ここでゴールだという。三〇分という契約だったが、結局一〇分ぐらいしか走っていないではないか。男の甘い誘いに邪険に対応したこともあり、ぎくしゃくした微妙な雰囲気のまま降りることになった。

五〇〇ペソ札を渡すと、男は二〇〇ペソしかお釣りを寄越さない。いちおう二五〇ペソの約束だ。時間が短縮されたから生真面目《きまじめ》に二五〇払うのさえ抵抗がある。

「あと五〇ペソは？」

とぼけ顔でやり過ごそうとする男に、僕は猛烈に抗議した。手に握っているよれよれの札束の中から、ほとんどふんだくるようにして取り返した。ふう、油断も隙もないのである。乗り慣れないものには乗らない方が良いのかもしれない。

そんなわけで、ざらついた気持ちで歩き始めたイントラムロスであったが、嫌な記憶はすぐに塗り替えられることになる。

重厚な教会が目の前にデデーンと現れたのだ。「マニラ大聖堂」というらしい。薄茶色の外壁は彫り装飾で彩られ、てっぺんにはドーム型の屋根と大きな十字架が屹立《きつりつ》している。噴水の広場からまずは全景を写真に収めた。アジアには似つかわしくない石畳の道も雅《みやび》である。白人の旅行客がウロウロしているせいもあり、まるでヨーロッパを旅しているような錯覚がして心が浮ついた。

しかし中へ入ろうとしたら、あいにく入口は固く閉ざされていた。さらに大型バスが横付けされ、中から中国人団体客がゾロゾロ出てきて、僕は押し出される格好になった。白人旅行者には軽くあしらわれていた物売りたちが、息を吹き返したようにその中国人の団体を一斉に取り囲む。いかにもチープな土産物が、飛ぶように売れているのを尻目におずおずと僕は退散するしかなかった。

続いて向かったのは、サン・オーガスチン教会である。ここは世界遺産にも登録されており、僕も来る前から名前だけは知っていた。石造りの教会はフィリピン最古のもので、第二次大戦の戦禍さえも免れた貴重な建築物だ。

実際にこの目にしてみると、想像していたよりずっとポップな印象を受けた。薄く橙色がかったパステル調の教会は、中南米で幾度も目にしたスペイン系の教会と似た趣があって懐かしくなった。

考えたらマニラの街自体が、僕には中南米の都市を彷彿《ほうふつ》させた。辿ってきた侵略の歴史背景、発展しきれていない経済状況、そしてスペインの影響を色濃く感じさせる建築物が共存しているこの風景。

治安の悪さが喧伝《けんでん》されている点も類似しているといえるだろうか。ただし、本当に悪いのか僕には懐疑的でもあった。見た感じはいたって普通の東南アジアの街という感じで、間の抜けた空気さえ漂っているようにも見えるのだ。

そんなところも、まさしく中南米の旅と同じである。殊更《ことさら》危険だと耳にして腰が引けながら訪れたペルーやアルゼンチン、ブラジルなどの街もまったくそうだった。パッと見はいたって平和そうな文明都市で、拍子抜けしてしまったのだ。

翻ってアフリカなどは、見るからにギラギラしているから、嫌でも気が引き締まる。中南米のゆるゆるとしたラテンな世界にすっかり油断してしまうと、泣きを見ることになるのだ。アフリカでは何もなかったのに、中南米では痛い目に遭ったという旅行者にも何人も出会った。

マニラの治安の悪さも同種のものだと確信に至ったのは、イントラムロスからの帰り道のことだった。今度は馬車ではなく、ペディキャブに乗ってエルミタ地区へ帰った。自転車の横に客が乗るサイドカーが付いたタクシーで、マニラではそこら中で目にする庶民の乗り物である。

座高が低いペディキャブは、道行く人を地面から見上げるような視点が新鮮で、僕はパシャパシャ写真や動画を撮影しまくっ

世界遺産のサン・オーガスチン教会の真ん前にはなぜかジプニーが。

ていた。

「危ないからカメラはしまってくれないか？」

運転手に窘められたのは、リサール公園の前を通りかかった時だった。しばし前に、ピクニックを楽しむ家族連れに目を細めていたあの公園である。虚を衝かれた僕は、鳩が豆鉄砲を食らったような顔に変わった。

「そんなもの出してたら襲われるよ。この公園が一番気をつけないといけないんだ」

なんだなんだ、そうなのか。小心者なのでサーッと血の気が引いた。

やっぱり中南米みたいである。ブラジルのリオデジャネイロを思い出した。僕たちは夫婦で海水浴を楽しんでいた。イパネマビーチという、ボサノバの名曲にもなっている開放的な浜辺で写真を撮っていた時のことだ。バッと黒人の少年がこちらに駆け寄ってくるのが視界に入った。

――なんだろう？　ボケーッと見入っていると、少年は僕のすぐ目の前までやってきて、ガシッと力強く摑《つか》んだ。僕のカメラを……。そう、ひったくりだったのだ。

僕は海パン一丁だった。少年も同じく海パン姿である。周りには三角巾を逆さまにして当てただけのような、目のやり場に困る若い女性たちがビーチバレーに興じている。油断するなと言うのが無理なシチュエーションである。そんな場所でさえ、敵は容赦なく現れるのだ。

マニラが危険というのは、要するにそういうことだった。

僕は運転手の言いつけに従い、カメラをカバンにしまった。そういえば、馬車を拾ったのもなんとなく引っかかりみたいなものがあったからだった。あの時働いた第六感は間違いではなかったようだ。

「もう大丈夫だよ。ここからは写真を撮ってもオーケーさ」

ペディキャブがエルミタ地区に入った段になって、運転手はようやく笑顔を浮かべた。景色は公園の周りと大した違いはないのだが。知らないと悪人が巣くう場所へ迷い込んでしまいかねない街らしい。

市場まで行ってくれるようにお願いしていた。目的地まであと少しというところで、馬

ペディキャブの低めの視点は新鮮だ。スピードは案外出る。

車とすれ違った。客は誰も乗っていないが、なかなか絵になると思い僕はカメラを向けた。

「日本人ですか？」

馬車を操っていた男が言った。流暢《りゅうちょう》な日本語だった。アジアを旅していると、拙い日本語混じりにこちらの気を引こうとしてくる者たちは珍しくないのだが、男の発音はあまりに自然で、最初は日本人かと思ったほどだ。ニホンゴではなく、日本語と言っていいレベルに聞こえた。

つい「はい」と答えてしまった僕もいけなかった。男は相好《そうごう》を崩し、馬車を反転させた。そのまま僕たちの横まで来て併走する。

「今度名古屋へ行くんです。友だちの仕事の手伝いで」

訊いてもいないのに男は自分の話を始めたと思ったら、握手を求めてきた。あしらうのも気が引けたので、流れで手を握り返した——すると、男はなんと馬車から飛び降りた。そしてそのまま僕のペディキャブにピョンと乗り込んできたのだ。

「馬車はどうするの？」

「大丈夫。友だちに代わってもらったから」

後方を振り返ると、いつの間にか誰か別の男が馬車の手綱《たづな》を握っていた。

それにしても——。別に用はないし、こっちにおいでと呼んでもいない。

「どこから乗ったの？」なぜか男の口調がタメ口に変わっている。

「……イントラムロス」僕はボソッと答えた。

「あんな遠いところから来たの？　この運転手が可哀想だよ」

炎天下の中、自転車をこぎ続けるのが大変なのは理解するが……。

「君が乗ったら重たくなって、もっと可哀想だよ」

精一杯の皮肉を込めて僕はカウンターパンチを放った。

「大丈夫。彼は友だちだから」

パンチはちっとも効いていないようだった。たまたますれ違っただけである。誰でも彼でも友だちにされそうだ。見ず知らずの他人にこうも気安く話しかけるぐらいだから、僕もすでに友だちとみなされてしまっていそうだった。

「どこへ行くの？　誰と来てるの？　一人？」

相手をするのがどんどん鬱陶《うっとう》しくなってくる。これほど胡散臭《うさんくさ》い男も珍しい。第六感を働かせるまでもなく、超絶に怪しすぎた。

「俺が街を案内するよ」

さも決定事項であるかのごとく男がお節介を焼き始めた段に及んで、僕は堪忍袋の緒が切れた。

「案内はいらないし、もう話すことはないから降りてくれないか？　勝手に乗り込んできてべちゃくちゃ喋って……。一人でいたいんだ」

ノーが言えない日本人の端くれながら、キッパリお断り申し上げたつもりだった。決め技のストレートパンチだった——が、これにもびくとも揺るがなかった。

「大丈夫だから。市場へ行くなら俺が案内する」

だから大丈夫じゃないんだってば。運転手から行き先を聞き出したようで、男は市場の魅力について一人で弁舌を振るった。

「ドラゴンフルーツ知ってる？　日本にないでしょう？　美味しいから市場へ行ったら食べようよ。大丈夫、俺が値段交渉するから……」

僕は絶句するしかなかった。あまりのふてぶてしさに、驚きを通り越して呆れ果てた。一方的なトークショーは延々と続き、結局その男を乗せたまま、ペディキャブは市場に到着してしまった。

乗車時に二〇〇ペソで手を打っていた。ところが僕が一〇〇ペソ札を二枚差し出すと、運転手は顔をしかめてこう言った。

「五〇〇ペソだよ。二〇〇なんて安すぎるよ」

「はあ、二〇〇って言ったじゃん？」

喧々諤々《けんけんがくがく》のやりとりに、日本語使いのお節介男が嘴《くちばし》を挟んできたのは言うまでもない。

「イントラムロスは遠いからね。せめて四〇〇は払うべきだよ」

お前は無関係だろう、そう突っ込みたいところだが、援護射撃を受けて調子に乗った運転手は強欲そうな眼差しに一層力を込める。

もう何もかもが面倒になってしまった。とはいえ五〇〇ペソなんて絶対に首肯したくない。僕はしぶしぶ一〇〇ペソを追加で支払った。

「これ以上は絶対に払わないよ。ネバーペイ！」

軽く啖呵《たんか》を切って踵《きびす》を返す。そのまま振り返らずに市場の中へ立ち去った。

運転手は諦めたのか追ってはこなかった。

けれどもう一人の追っ手は諦めてはくれなかった。果物屋でマンゴスチンを試食させてもらっていると、お節介男が再び現れたのだ。

「マンゴーも美味しいよ」などと澄ました顔でのたまう。

聞こえない振りをして無視しても、一向にめげないのだ。挙げ句の果てには、こちらの神経を逆なでするようなこんな発言まで飛び出した。

「さっきの三〇〇ペソはちょっと高かったね。あんなに払わなくてもよかったと思うよ」

いったいどんな思考回路をしているのだろう。四〇〇ペソは払うべき、と言ったのはどこの誰でしょう？　言葉が喉元まで出かかったがグッと堪え、果物屋のおばちゃんが差し出したマンゴーをペロリと味見する。残念ながらマンゴスチンもマンゴーもあまり美味しくなかった。甘味が足りないのだ。

おばちゃんにお礼を言って、今度は肉を売っている一画を冷やかし歩く。お節介男はさも一緒に見て回っているかのごとく、しきりに馴れ馴れしく話しかけてくるが一切相手にしなかった。

のれんに腕押し状態が続けば、さすがにそのうち音を上げてくれるだろうと高をくくっていた。けれど、その考えは甘かった。

「チャイナタウンまで行けば、マンゴーのもっと美味しい店があるよ」

お節介男は金魚の糞のように僕の後を執拗《しつよう》につけ回すのだ。ストーカーに追われる心境だ。落ち着いて見て回れないのはあまりにストレスで、僕はとうとう声を荒らげてしまった。

「いい加減にしてくれ！　ついてくるなって言っただろう！」

お節介男も僕の激しい剣幕にたじろいだのが見て取れた。隙を突いていったん市場から足早に脱け出すと、男はいよいよ追ってこなかった。

僕は日本にいる時には温和そうですね、などとよく言われる。実際にはそうでもなくて、ただ単に外面《そとづら》がいいだけにすぎないのだが、少なくとも人前で激昂《げっこう》することは滅多にない。

ましてや外国である。ここまで取り乱したのはいつ以来だろう。近くにいた肉屋のおじさんが苦笑いしていたのが、恥ずかしかった。男を煙《けむ》に巻けたのは良かったけれど、後味の悪さが残った。

異国の地に勝手にずかずかやってきたのは自分である。旅させてもらっているのだと、感謝の心は忘れないようにしたいと常々思ってはいる。もっとスマートに追い返す手はなかったものか……。旅人としてはまだまだヒヨッコだなあと自省した。

少し時間を置いたのち、再び市場へ戻ってきた。冷静さを取り戻し改めて見回すと、気持ちが洗われるような愛おしいマニラの日常がそこには広がっていた。無造作に積まれた野菜の豊かな色彩に目をパチクリさせ、剝き

この笑顔！　市場は陽気で人懐っこいフィリピン人多し。

出しの肉片が血を滴《したた》らせる様に生前の姿を思い浮かべる。そういえばお節介男は「こんなローカルな市場楽しくないよ」などと馬鹿にしていたが、僕はローカル臭が強ければ強いほど好みなのだ。

市場としては閑散とした時間帯だった。そのせいか、全体的に間延びした気だるい空気で満ちていた。

アームチェアに身体を埋め舟を漕いでいる女性の足元で、やせ細った猫が口をみゃあと大きく開けて欠伸をしている光景に、見惚《みと》れてしまう。僕にとっての「ザ・アジア」とでも言うべき、愛すべきものが凝縮されきった世界がそこにはあった。

（8）アジアの夜を泳ぐ

ＬＣＣを乗り継ぐ旅ならではの懸念事項が待ち受けていた。

次に乗るフライトが問題だった。台北からの便が到着したニノイ・アキノ国際空港のほかに、もう一つ別の空港がマニラには存在する。クラーク国際空港という。僕が乗る予定のタイガーエアウェイズの便は後者の空港から出発するのだ。

予約した際には、「Manila-Clark」と航空会社のサイトに書かれていた。けれど、どうもマニラ市内からはずいぶん離れた場所にあるらしい。ネットで調べたら情報は沢山出てきた。航空マニアの間では知る人ぞ知る空港のようでもあった。

クラークは以前は米軍基地があった街だ。一九九一年にピナツボ火山が大噴火を起こし、以来米軍は基地から撤退した。当時の米空軍が使用していた滑走路を譲り受ける形で開港したのがクラーク空港だという。いわくつきなのである。

グーグルマップで調べると、マニラからは距離にして約九〇キロもあり、「Manila-Clark」と表記するなんてほとんど詐欺のような気もした。でも、千葉県にある成田空港がかつて「新東京国際空港」を名乗っていたことを考えれば、異を唱えられるものではないかもしれない。

メインの空港ではない、第二、第三の空港から発着するのはLCCの流儀でもあった。情報が乏しいマイナー空港を渡り歩くのが、LCCの旅なのである。

ともかく、マニラからクラーク空港まで移動するというミッションが僕には課された。タクシーに乗ったらかなりの高額になりそうだし、バスで行くにしても、初めてのフィリピンで出発当日に向かうのは危ない橋を渡る行為にも思えた。クラーク空港の近くにもホテルはある。フィリピンの田舎町も見てみたかった。前日に移動を済ませ、空港の近くで一泊するスケジュールを組むことにした。

マニラのエルミタ地区からバスが出ていた。ネットやガイドブックの情報によると、「スワグマンホテル」という、民間のホテルがツーリストバスを運行しているらしい。

出発の朝、僕は散歩がてらそのホテルへリサーチしに行ってみた。ネットやガイドブックは頼りにはなるが、時には記述内容が間違っていたり、状況が変わっていたりもする。精度の高い情報を得るためには、自分の足で確認しに行く手間を惜しんではいけない。現地で聞き込みしたところ、バスは一一時半、一五時半、二〇時半の三本が運行していると分かった。

ちなみにバスの行き先はクラークではなく、「アンヘレス」という街になる。

少しややこしい話になるが、クラークとは旧米軍基地を再編した特別経済区のことで、街名としては「アンヘレス」が正しい。位置関係を厳密に補足するなら、マニラ郊外のアンヘレスという街の中にあるクラーク特別経済区の中に空港があるのだ。「Manila-Clark」どころか、「Angels-Clark」と記載してしかるべきなのである。

土地勘のない異国の旅人としては激しく混乱するのだが、さらに言うとクラーク空港は(DMIA）とも書かれていた。「Diosdado Macapagal International Airport」の略で、これが空港の正式名称になるのだという。「クラーク空港」は通称なのだ。

もうわけが分からない。

バスが出るスワグマンホテルは、僕が泊まっていたホテルからは歩いて五分ぐらいの短い距離だったから、徒歩で行くつもりだった。しかし、チェックアウトして入口を出た所でベルボーイに引き留められた。

「スワグマンホテル？　近いけどタクシーで行った方がいいですよ」

やはりマニラは治安の悪さがつきまとう街だった。外国人が大きな荷物を持って出歩くのはオススメしない、というわけだ。

「でも、すぐそこだし。さっきリサーチしてきたから大丈夫」

しばし逡巡《しゅんじゅん》したけれど、わずか五分の距離でタクシーを拾うのも馬鹿らしいし、タクシーで料金トラブルに遭う可能性だって否定できない。僕は忠告を無視して歩いて向かった。

結果的に、何の問題もなく無事到着できたのだが、なかなかスリルに溢れる五分間だった。ホームレスの家族に鋭い目つきで睨まれた瞬間はヒヤッとさせられた。なるべく目立たないようにして、忍者のように忍び足でススッと先を急いだ。朝の通勤ラッシュなのか、道は渋滞しており、どの車も鼻先ぎりぎりまで車間距離を詰めるから、その間を縫って車通りを歩いて横断するのは難儀でもあった。

やがて南国の緑が生い茂った美しい小径《こみち》が現れた。ネムノキだろうか。南国の陽射しが葉むらを照らし、柔らかい光に中和されてあたりに降り注ぐ。まるで自然のシャンデリアのようで見惚れそうになったが、カメラを出すのは我慢して足早に通り過ぎざるを得ない自分の臆病ぶりがもどかしかった。

スワグマンホテルは白人観光客で賑わっていた。東洋人はまったく見かけず、アウェイな心境に陥る。レセプションでアンヘレス行きのバスに乗りたい旨《むね》伝えると、名前を訊かれた。そういえばこの国では何か頼むといつも名前を訊かれる。昨日スターバックスへ入った時もそうだった。コーヒーを飲むのになんで名前が必要なのだろうか——疑問に思っていると、受け渡しの際に名前で呼ばれて少々焦った。

一一時半出発のバスに乗った。チケット代は六〇〇ペソである。車内は九割がた白人で、残りはフィリピン人のようだった。日本人は僕しかいない。

旅をしていると、「あそこは日本人ばかりいて嫌だよね」などと文句を言う人がいる。外国にまで来て日本人とはつるみたくない気持ちは理解できるが、かといって白人ばかりの世界も居心地は微妙だと感じる。ヨーロッパなど、白人中心の国々であれば違和感はないのだが、ここはアジアである。

車内では太った白人の男たちが馬鹿騒ぎしていた。モニターで上映されている映画のBGMに合わせて即興で歌を作って唄《うた》ったり、窓の外に流れる看板の文字を意味なく大声で読み上げたり。まるで修学旅行に出かける学生のような幼稚な騒ぎ方なのだが、見ると四〇代～五〇代ぐらいの、頭が禿《は》げ上がったオヤジたちばかりである。朝っぱらから車内でビールをぐびぐび飲んでいる者までいる。

場違いな所に迷い込んでしまった日本人としては、目を背けたくなるほどの醜態が繰り広げられていたのだが、目的地アンヘレスとは、どうやらそういう街なのだ。

真っ先に思い浮かんだのはタイのパタヤーだった。タイを代表するビーチリゾートであるが、日が落ちるとけばけばしいピンク色のネオンに街が上塗りされることで知られる。ゴーゴーバーやディスコがずんどこずんどこ大音量を撒《ま》き散らす中、白人旅行者が路上でビール瓶をラッパ飲みしながら奇声を上げる。毎日がお祭り騒ぎ。何でもアリのこの世の楽園。「色街」で片付けるには少々言葉足らずのきらいがある。

パタヤーでは日本人も見かけるが、基本的には白人が遊ぶ街という位置付けだ。規模は及ばないものの、アンヘレスも白人向けの歓楽街のようだった。しかもどうやらフィリピン最大の夜の街として、その筋の人たちの間では名を馳せているらしい。

マニラからの距離が、バンコクからパタヤーまでの距離と近しい点も類似性を喚起させる。スワグマンホテルを出て、およそ二時間でアンヘレスに到着した。途中でアメリカのサービスエリアのようなやけに文明的なスポットでトイレ休憩を挟んだものの、道はいかにも東南アジアの田舎道という感じで、ヤシの木が生い茂ったのどかな風景が続いていた。

それが、街の中心部に入った途端に激変したのだ。まだ日も高い時間帯なので、ネオンの明かりこそ灯っていないが、オープンエアのバーの軒先では、不良外国人がビールを片手に目をとろんとさせている。

こんな田舎になんで……と疑問は生じるところだが、街の歴史を繙《ひもと》くと簡単に答えに辿り着ける。それは、かつて米軍基地があった街に共通する特色ともいえた。米兵たちが束の間の休息を味わうために作られた歓楽街なのだ。今はもう基地はないが、代わりに世界からこの世の春を求めて男たちが集まるようになった。

アンヘレスとは英語の「Angels」をスペイン語読みしたものだという。意味としては「天使」となる。なるほど、男たちにとっての「天使の街」なのだろう。そう考えると、男たちがバスの車内で興奮して羽目を外しすぎるのにも合点がいった。彼らにとっては天国へと誘《いざな》ってくれるバスなのであった。

陸路伝いに新しい街に到着すると、飛行機で到着するあの瞬間とはまた違った感慨がある。点と点を線で繋ぐ。空をびゅんと飛んで一気にワープすると目に見える景色がドラスティックに様変わりする一方で、グラデーションのような穏やかな変化に目を瞠るのが陸路の移動だった。

空路にしろ陸路にしろ、無事に宿まで辿り着けるかと気を揉むのは同じだ。ホテルにチェックインして、部屋で荷解きするまでは少なからず緊張感が伴う。バスターミナルから宿までの移動で何かトラブルに巻き込まれないとは限らない。

実はアンヘレスでの宿泊先は、中心部から少し外れた場所に予約してあった。普段なら立地は最重視するのだが、この街で旅行者にとっての中心部となると、すなわち歓楽街を意味する。折角来たのでその手の店を覗き見はしたいが、かといって泊まる場所となると話は別だ。パタヤーのあの常識を逸脱した混沌のイメージがつきまとっていたせいもある。賑やかなのは嫌いじゃないけれど、度を超して騒々しいのは御免被《こうむ》りたいのだ。

落ち着いて寝られそうな街外れに宿を取った。それゆえに、バスを降りてからホテルまでが遠そうなのが気がかりだった。タクシーは捕まるだろうか。そもそも、タクシーなんて走っているのだろうか。重い荷物を持って歩いていくのは大変だしなあ……。

ところが、僕の心配は杞憂に終わった。バスの終点からはミニバンに乗り換えて、客ごとに各ホテルまで送ってくれたのだ。なんだなんだ、と拍子抜けした。この利便性の良さはツーリスト向けのバスならではといえた。

宿にチェックインする際には、誓約書のような紙きれにサインさせられた。英語の文面をざっと眺めたところ、部屋の備品などを壊したら弁償します、といった内容が書かれていた。普通のホテルではなく、コンドミニアムだった。キッチンが付いた、中長期滞在者向けの宿泊施設である。部屋は二つもあった。寝室とリビングで分かれていて、各部屋に液晶テレビまである。一泊しかしないのが勿体なくなる快適ぶりだ。

これならすぐにでも住めそうだなあと僕がほくそ笑んでいると、実際にこの宿に長期滞在中という白人客とすれ違って少し立ち話した。レンタカーなのか何なのか分からないが、なんと自前の車まで所有していて、建物の前に停めているという。

「これからどこへ行くんだい？　俺も出かけるところなんだ。良かったら途中まで送っていこうか？」

出会ったばかりだというのに妙に親切な男だった。欧米的なノリなのだろうか。有り難い申し出だが、僕は丁重にお断りした。とりあえずは気儘《きまま》にぶらぶらしたい気分だった。それに車で連れて行ってもらうとしても、行くべき場所が思いつかないのだ。ガイドブックを開いても、この街の観光スポット情報などは全然載っていない。あまり見るべきものがない街なのかもしれない。

とはいえ、何もないからといって退屈しないのがアジアの旅だった。目的地を決めず、カメラ片手になんとなく彷徨ってみる。僕はそれだけで幸せな気持ちに浸れる。

アンヘレスは素朴な田舎町だった。マニラのようなぎすぎすした雰囲気がないのだ。カメラは常にカバンに入れ、撮る時だけ取り出すようにしていたマニラの雑踏を回想すると、自然と口元が緩んだ。カメラをストラップで堂々と首からぶら下げながら歩き回り、気兼ねすることなく撮影できるのは羽が生えたようだった。

街の人たちも実に陽気でフレンドリーだ。眉間に皺が寄った人はいないし、僕のカメラを指差して自分のことを撮ってくれと大げさにジェスチャーで訴える。撮った写真を液晶画面で見せてあげると、目を大きくして感動し、周囲の者たちとゲラゲラ笑い転げる。外国人が珍しいというレベルの街ではないはずだが、擦れていない素直な人たちばかりだった。

写真に関していうと、とりわけ気になった被写体があった。「ジプニー」という名の、フィリピン独自の乗り合いバスである。

バスといっても、普通のバスとは外見からしてまるで違う。米軍が払い下げたジープを改造したのが発祥らしいのだが、元がジープだけに、フロントから見るとそのルックスはやけに厳《いか》ついのだ。おまけに原色のカラーリングで派手派手にデコレーションされていたりして、まるで暴走族が存在を誇示しているようでもある。マニラでもそこら中で目にしていた。各ジプニーごとに決められた路線内であれば、客は自由に乗り降りできる。フィリピンで最も親しみ深い庶民の足なのだ。

その国ならではの乗り物、というのは異国からの旅行者にとってはとりわけ興味の対象になりやすい。タイのトゥクトゥクやベトナムのシクロなどは、僕も過去に何枚も写真を撮った記憶がある。初めて目にするジプニーは新鮮で、フィリピン限定のご当地ものと思うと、シャッターを押す指にも力が入った。

　シャッタースピードを遅くして、走り去るジプニーを流し撮りする。歩道橋の上に登り、望遠レンズで構図を整理して絶好のタイミングを狙う。一人旅だと話し相手もいないから、カメラは唯一の相棒だ。つい時間を忘れてカメラと格闘してしまった。

　歩いていくうちに、ゲートのようなものが現れた。クラーク特別経済区との境界だった。小さな個人商店が並び、人やバイクや車が行き交う雑然としたさっきまでの街並みとはうって変わって、すっきりとしたスクエアな世界が先には広がっていた。

　建物はまばらで空間の密度が薄いせいか、

ジプニーに乗るなら、行き先ではなくルックス重視で選びたくなる。

南国の木々の隙間からは遠く先まで見渡せる。スカスカな印象さえ受けるほどだ。米軍基地跡に生まれたこの経済区は、総面積五五〇平方キロもあるという。歩いて見て回れるような場所ではないのだ。

特別経済区に入ってすぐの所に、「SMクラーク」という大きなショッピングセンターがあった。涼みがてら中へ入ってみると、その外界とのあまりの隔たりぶりに僕は目を瞬かせた。真新しい近代的な建物の中を、着飾った男女が闊歩《かっぽ》している。別の街に来たみたいだ。スターバックスはあるし、クリスピークリームもある。またしても「こんな田舎町に……」と溜め息が出そうになった。

アジアといえば、近頃はどこへ行ってもそうだった。この手のショッピングセンターは著しい経済発展を遂げつつあるアジアの人々にとって、豊かさの象徴ともいえる存在なのかもしれない。

エアコンが効きすぎるぐらい効いた建物から一歩外へ出ると、昔ながらの屋根もろくにないローカルな市場が待ち受けている。無責任な旅行者からすると興味深い対比だが、アジア全体が内包する一つの大きな矛盾的側面も見え隠れする。

SMクラークの裏手には巨大な駐車場があり、自家用車がずらりと停まっていた。僕が日本で乗っているボロ車よりも遥かに高級そうな車も珍しくなかった。SMクラークを出て特別経済区の外側へ行くと、すぐの路上で衣類を売る露店が寄り集まっていた。マイカーでショッピングセンターに乗りつけた者たちは素通りしてしまうその露店群に集《つど》うのは、ジプニーに乗ってやってきた買い物客のようだった。

いずれも同じフィリピン人なのである。「格差」といえばそれまでだろうが、もやもやした感情が頭を過ぎってしまうのもいつものことだった。

悩ましいのは食事だった。マイナーな街だから情報がないし、適当に見繕《みつくろ》うにも、ふらっと入れそうな手頃な店があまり見つからないのだ。そしてマニラに続いて、ここでもファーストフード店が幅を利かせていた。フィリピンといえばファーストフード——つい、そんな乱暴な結論を下したくなってくる。

気になる店があった。「ジョリビー（Jollibee）」というチェーンなのだが、行く先々でよく視界に入るのだ。愛嬌ある蜂のキャラクターのロゴが目印だった。マニラでもたびたび見かけたし、ニノイ・アキノ国際空港にも入っていた。

ｉＰｈｏｎｅで調べてみると、フィリピンで最大の店舗数を誇るファーストフードチェーンだと分かった。店舗数はなんと一二〇〇を超える。同国にはマクドナルドもあるが、マックよりもジョリビーの方が人気らしい。

カナダに「ティムホートンズ」というファーストフードチェーンがある。アメリカの隣国ながら、カナダではマックよりもティムホートンズの方がシェアが上回っていると聞いて驚いたのを思い出した。ティムホートンズはカナダ人の国民食とまでいわれていた。ジョリビーの存在はまさしくそれと似たような感じで、まさに「フィリピン人の国民食」のようでもあった。

気になったなら、行ってみるに限る。ファーストフードなんて……という偏見は捨て去り、僕はアンヘレスでジョリビーに入った。マニラで別のファーストフード店で果敢に挑戦して玉砕したばかりなのだが、そのリベンジの気持ちも込めて。

例によって、メニューは我々がファーストフードと聞いてイメージするものとは異質だった。ハンバーガーとスパゲティがセットに

フィリピンの国民食？　見た目は普通のファーストフード店だが……。

なったものを注文してみた。とんでもない組み合わせである。

肝心のお味はというと――うーん、判断に迷う味だった。

バンズはふんわりしていないし、肉はジューシーではない。全体的にベッタリしているというか、日本のコンビニのサンドイッチコーナーで売られている冷凍ハンバーガーに近い。スパゲティも、かかっているミートソースが甘ったるかった。

やはり、何かが違うのだ。少なくともマクドナルドやバーガーキングのあの味とは別モノだ。けれどまずいかというと、不思議なことにそうでもない気もしてくる。意外にも悪くないのだ。いや、むしろ結構イケルのだ。

一般的にハンバーガーやスパゲティと呼ばれる料理と比較してはいけないのかもしれない。別の食べ物だと思えば、これはこれで案外癖にもなりそうな味なのだ。とはいえ、自信を持って「美味しい」と断言はしにくい複雑な感想ではあった。

――なるほどこれがフィリピンの国民食か。

異文化に触れられたので、とりあえずは自分を納得させる。ちなみに後で知ったのだが、甘ったるいのは普通のケチャップではなく、バナナケチャップを使用しているからなのだとか。ケチャップといえばトマトしか知らない身からすると、ますます不思議な食べ物に思えてくる。

とまあ、そんな感じで割とダラダラ気味な滞在になったのは、アンヘレスが何もない街であることに加え、疲れが蓄積されていたせいもある。北海道を出発してからここまで、ほぼノンストップで高速移動を繰り返してきた。さらに明日にはもうフィリピンを発つ予定なのだ。忙しないスケジュールには慣れてはいる。毎度のことなのだが、今回もやはり落ち着きのない旅になってきたのだった。

こんな日はビールでも飲んでとっとと寝てしまおうかとも考えたが、なにせアンヘレスである。「天使の街」とは果たしてどんなものなのか。どうせ飲むなら……と好奇心も湧いてくる。

歓楽街の方へ足を向けると、日がとっぷり落ちてしまったというのに、街は今まさに眠りから覚めたような活況を呈していて面喰らった。「Walking Street」と書かれた大きな看板の下をくぐると、途端に左右から嬌声を浴びる。ゴーゴーバーの客引きの女の子のようだった。狭い通りを挟む形で、ネオンに彩られたいかがわしげな外装の建物が立ち並んでいる。なるほど、タイの夜の街にそっくりだ。

ゴーゴーバーならバンコクで行ったことがある。素面《しらふ》で近寄るには勇気が必要だが、取って喰われるような店でもない。ある意味タイならではの盛り場であり、観光の延長で足を踏み入れる者も少なくない。レディボーイ、つまりオカマちゃんと出会えるのもタイのゴーゴーバーならではだが、フィリピンはその辺どうなのだろうか。

　とりあえずオープンエアのバーに入り、ビールを頼んだ。通りに面したテラス席は、時折吹き付ける風が心地良かった。ぐびぐびしつつ、道行く男たちをさり気なく観察してみる。アジア系の男たちもちらほら見かけたが、やはり白人客が圧倒的多数のようだ。客引きの女の子たちに腕を引かれると、まるで掃除機で吸引されたかのように次々とゴーゴーバーに吸い込まれていくのが可笑しかった。

　百聞は一見にしかずだ。郷に入っては郷に従えという言葉もある。意を決して、その店に吸い込まれてみた――。

　――うわあ、と独り言を呟いてしまったのは、異空間ぶりが予想以上だったからだ。複

ゲートの向こうに「天使の街」発見。勇気を出してくぐってみる。

数階層に分かれたフロアーは、狭い床面積を奪い合うようにして水着姿の女性でぎっしり埋まっていた。女性たちは耳をつんざく爆音の音楽に合わせ、あまりやる気がなさそうに身体を揺らしている。照明がぐおんぐおん切り替わって忙しない。光の洪水に酔いそうになる。

席についてビールを頼むと、山盛りのポップコーンが一緒に出てきた。これはサービスなのだとウェイトレスの子が言った。手持ち無沙汰なのでポップコーンをボリボリ食べていると、横からぬっと手が伸びてきた。振り向くと、水着姿の女性がニッコリ笑った。踊り疲れて休憩しているのだろうか。

「食べていい？」と英語で訊かれ、もう食べているではないかと突っ込もうかと思ったが、オーケーと頷く。単にポップコーンに手が伸びただけのようで、積極的にアピールなどしてこないのにホッとした。こんな店に来ておきながら、僕はどちらかというとムッツリ静かに飲んでいたいタイプなのである。

米軍向け歓楽街の名残《なごり》なのか、かかっている音楽はヒップホップやR＆Bが中心なのは、個人的に嬉しかった。最も好きな音楽ジャンルなのである。最新のヒット曲だけでなく、往年の名曲も遠慮なくかけるＤＪの選曲は僕好みだった。キース・スウェットの「ツイステッド」という古い曲が流れた時には、青春時代の青臭い記憶が蘇《よみがえ》り、柄にもなく目頭が熱くなった。

とはいえそこはクラブではなく、ゴーゴーバーだった。僕のような冷やかし半分の客のための店ではないようだった。

　突然大きな歓声が上がったのでなんだなんだと思ったら、上の方からなんとお札のような紙きれがひらひら舞い降りてきた。見上げると、上半身裸の大男が勢いよく両手でばら撒いている。上気した男の顔は、メーターが振り切れてどこか遠く彼方《かなた》へ行っちゃっているようにも見えた。お札のような紙きれは本物のお札で、どうやら五〇ペソ札のようだった。フロアーで踊っていた女の子たちだけでなく、ウェイトレスの子までが一緒になって我先にと手を伸ばしてそれを摑もうとしている。

　批判を恐れずに正直なことを書くと、悪趣味だなあと感じた。客も女の子も喜んでそうだし、おそらくあらかじめ用意された趣向の一つなのだろうが、いかにも欧米人的なノリには馴染めそうにない。ついでに言うと、愛はお金じゃ買えないとも思う。あれれ、いったい何しに来たんだろう自分は……。

　無言でビールをあおりながらポップコーンをひたすらボリボリ食べ続けた。恐ろしく塩辛いポップコーンだった。

　備え付けの電気ケトルでお湯を沸かした。マグカップにインスタントコーヒーの粉末を注ぐ。僕の朝はコーヒーから始まる。日本にいる時も旅行中も変わらない習慣の一つだ。コンドミニアムに泊まっていたから、朝食は付いていなかった。昨日のうちにコンビニで買ってあったパンを頬張り、簡単な朝食とした。

寝ぼけ眼《まなこ》を擦りながら、昨晩の記憶を手繰《たぐ》る。ゴーゴーバーを出て歩き始めた時だった。バスンッという音がして、次の一瞬には辺りは真っ闇になった。通りの外にまで漏れ聞こえていたダンスミュージックのずんどこした音がやんで静寂に包まれた。

——停電？　突然のことに狼狽《ろうばい》したが、近くにいた客引きの女の子たちには険《けわ》しい表情はなく、平然としている。どうやらこの街ではよくあることのようだった。

暗闇の中にわずかに灯る非常電灯の明かりを頼りに宿がある方角へ歩を進めるうちに、パッと街は明るくなった。何事もなかったかのように、再びずんどこ音の競演が開始されたようだった。終わりの見えない宴《うたげ》の時間が続いていた。

あれからどうなったのだろうか。兵《つわもの》どもが夢の跡を見に行こうかとも考えたが、思い直した。あまり時間はないのだ。この国を出る瞬間が迫っていた。

「五〇〇ペソです」とレセプションの女性が即答した。空港までのタクシーをお願いしたのだが、いやはや五〇〇ペソか。マニラからアンヘレスまでのバスが六〇〇ペソだった。ずいぶん高いのだ。

ほかの選択肢もなさそうなので、払うしかなかった。レセプションの女性がどこかへ電話をかけ、五分もしないうちに車がやってきた。

地図で確認した感じでは、空港まではさほど距離はなさそうに思えたのだが、走り始めると案外遠かった。クラーク特別経済区へ入れる道は決められているのか、車は大きく迂回した。途中に検問があったが、軍服を着た若い男はこちらを一瞥しただけで「行っていい」と手振りで促した。

「Airforce City」という看板が掲げられていた。空軍基地――か。

綺麗に区画整理された幅広の道を走っていく。兵舎らしき二階建てのアパートのような建物が何棟か並んでいて、街路樹が植えられた公園が隣接している。写真に撮って見せたなら、アメリカにしか見えないであろう光景にどぎまぎさせられた。歩いている人はほとんどいなかった。

横須賀にある米軍基地の開放日に遊びに行ったことがある。あの雰囲気に似ているが、規模はずっと大きい。こんなところに空港があるのか。敷地があまりに広大で、空港に辿り着くまでにずいぶんと時間を要してしまった。

小さなターミナルビルの中は、白人旅行者でごった返していた。大柄な身体に負けないぐらいサイズのでかい旅行カバンを持参している者ばかりで、息苦しいほどの空間密度の濃さに僕は顔をしかめた。

しかしそれ以上に僕は戸惑ってしまった。乗る予定のタイガーエアウェイズのカウンターが見つからないのだ。チェックインカウンターの数が一桁《ひとけた》しかない小さな空港だから、見落とすなんてあり得ない。

長い行列ができていた。最後尾の白人の男に訊いてみる。

「これはバンコク行きの列ですか？」

「そうだと思うよ。あそこに書いてあるだろう」

男が指差した先を見ると、モニターには確かに「Bangkok」と表示されている。しかし予約した便名とは違った。おまけに「SE Air」と書いてある。

これはいったいどういうことだろうか。ほかのカウンターの表示も確認したが、バンコク行きの便はここ一つだけのようだ。時間的にも間違いなさそうに思える。

頭の中は「？」マークで一杯だが、並ぶしかなかった。僕の番が来ておそるおそるパスポートを差し出すと、あっさりと搭乗券が渡された。やはり「SE Air」になっている。印字されている便名も予約したものと違った。SE Airという航空会社は初めて聞いた名前だった。僕はカウンターの女性に疑問をぶつけてみた。

「タイガーエアウェイズ？　ああ、コードシェア便ですよ」

なんと、そういうことか。謎は氷解した。

ＳＥ Ａｉｒはフィリピンの航空会社のようだった。翻ってタイガーエアウェイズはシンガポールのＬＣＣだ。フィリピン発で目的地がタイのバンコクなのだ。シンガポールは第三国になる。またしてもややこしい話になるが、この区間を飛ぶのはフィリピンかタイの航空会社であると考えるのが自然なのだ。

ただし抜け道もあるのは前述した通りで、オープンスカイ協定により二国間以外の以遠路線の就航が可能か、もしくは関空から乗った台北経由シンガポール行きのジェットスター・アジア航空のように、バンコク経由でシンガポールへ向かう便なのかと僕は勝手に想像していた。そして、その想像は間違いだった。

コードシェア便という解決策もあったのだ。

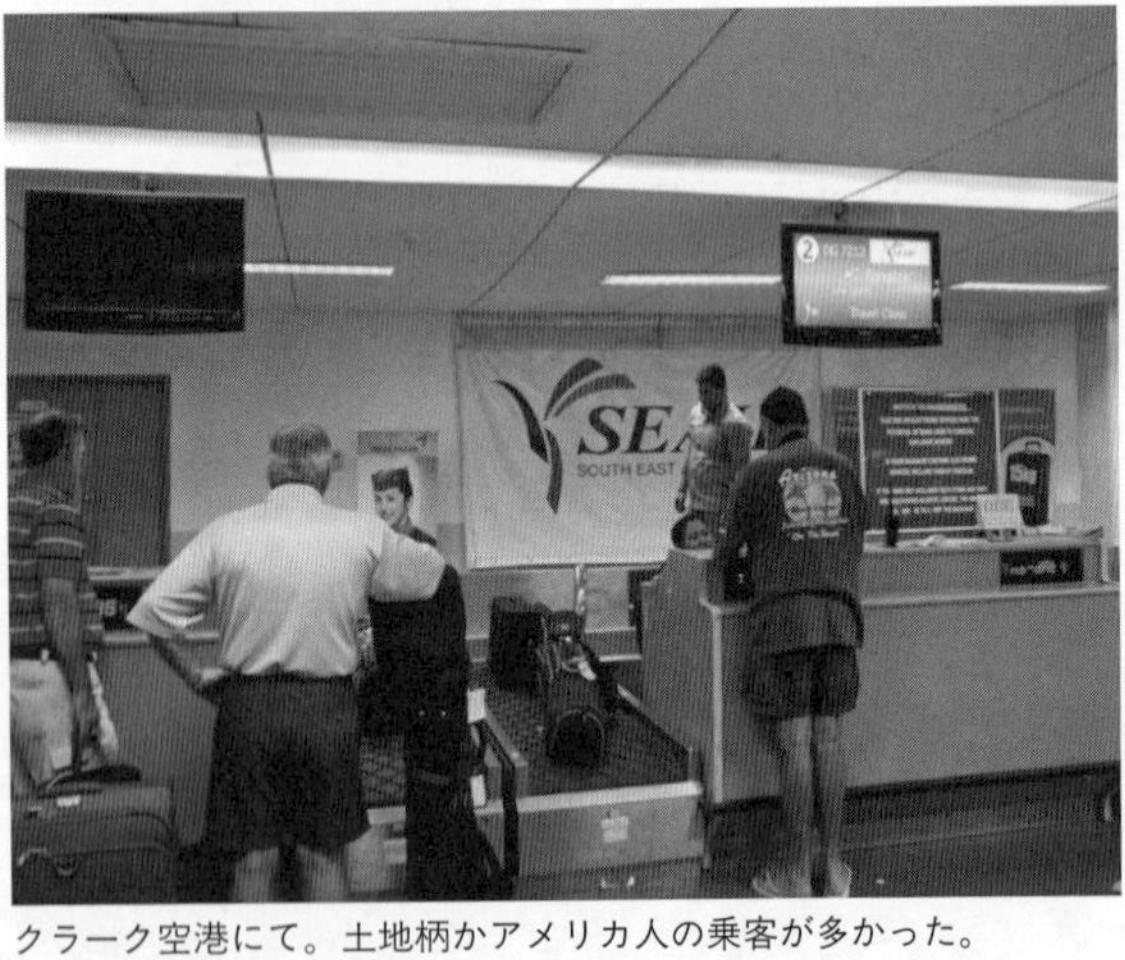

クラーク空港にて。土地柄かアメリカ人の乗客が多かった。

複数の航空会社が提携して、他社が運航する便を自社の路線の一つとして販売する手法。共同運航便などとも呼ばれる。すっかり見落としていたが、ＬＣＣの世界にもコードシェアという考え方があるなんて僕は知らなかった。

アジアのＬＣＣのネットワークは既存航空会社のそれとさして変わりのないレベルにまで拡大を遂げているようだった。もしかしたら、すでにＬＣＣなのだと区別する必要すらなくなりつつあるのかもしれない。

クラーク空港に就航している航空会社は少ないが、出発便のラインナップを眺めていると韓国のアシアナ航空の名前があった。フルサービスキャリア（ＦＳＣ、レガシーキャリアともいう）であるアシアナ航空が、ＬＣＣと肩を並べている現状は興味深い。ＦＳＣであれＬＣＣであれ、乗客にとっては選択肢の一つにしかすぎないというわけだ。

あれこれ思案を巡らせながら、渡された搭乗券に目を凝らしていた時だった。ふと違和感を覚えた。イーチケット控えと照らし合わせる——やっぱり。

「座席番号が違うようですが」

「あらら、困りましたね。その席はもうほかの方に……」

カウンターの女性職員は肩を竦めた。僕も途方に暮れるしかなかった。

僕はＬＣＣの流儀に倣《なら》って、追加料金を支払い座席指定していた。ところがまったく違う番号の席がアサインされていたのだ。コードシェア便だからなのだろうか。日々発達し続けるLCCの航空網に、システムが追いついていない可能性はあった。

　イミグレーションの手前で税金を徴収された。セキュリティフィー一〇〇ペソとターミナルフィー五〇〇ペソで計六〇〇ペソ。この国の物価からすると、バカにならない金額である。空港税は航空券の購入時に一緒に支払うのが普通だから、「聞いてないよ」と口を尖《とが》らせたが、ルールなのだと言われ、しぶしぶ財布を開くしかなかった。手持ちのフィリピンペソが底をついた。

　待合室は簡素なつくりだった。小さな免税店と土産物屋が散在しているぐらいで、手持ち無沙汰な乗客がパソコンを広げたり、本を読んだりしてじっと待っている。ちなみに喫煙所はなかった。アメリカの多くの空港にも喫煙所はないことを思い出した。

　文句のつけどころのない快晴だった。青く澄みきった空の下、がらんとした滑走路の遠く彼方に、存在感を誇示するように大きな山が聳《そび》え立っているのがよく見えた。ピナツボ山だった。あの山が噴火したことにより、この滑走路の役割は転換期を迎えた。かつて基地だった空港。ベトナム戦争の際には、数多《あまた》の戦闘機がここからインドシナの方へ飛んでいったという。白地にロゴが小さくあしらわれただけの地味な飛行機が停まっていた。これに乗って僕もインドシナへ旅立つ。

第三章　タイ〜ベトナム

(9) マイホームタウン

イミグレーションの遅々として進まない長い行列に苛々《いらいら》が募った。スワンナプーム国際空港では見慣れた光景なのだが、この日は目を疑いたくなる常識外れの混雑ぶりだった。入国審査ブースの前は立錐《りっすい》の余地もないほどで、そのスペースに入りきらず通路にまで人が溢れていて辟易させられた。

タイ——LCCの旅は三ヶ国目を迎えていた。僕はバンコクに到着した。クラーク空港を出発した飛行機は、またしてもA320だった。飛行機マニアではないものの、毎回同じ機材というのは少々つまらない。ただし意外なことに、座席間隔はだいぶゆったりしていたのは嬉しい誤算だった。前の座席の背もたれに膝が支えないのは、今回の旅で初めてで、久々の開放的な空間に僕はほくそ笑んだ。

ビジネスクラスに乗り慣れるとエコノミーには戻れないとよく聞く。逆に常にエコノミーばかり乗っている者が血迷ってビジネスに乗った日には、そのあまりの快適さにこの世の無常を痛感させられる。

LCCは座席の快適性に関してだけいえば、一般的なエコノミークラスよりもさらに格下となる。飛行機の座席がワンランク上がっただけで、まるで自分が偉くなったように錯覚したのは、エコノミーからビジネスへアップグレードした時のようでもあった。

意外なことはもう一つあった。

バンコクのスワンナプーム国際空港に着陸したら、沖止めではなく搭乗橋に直結だったのだ。駐機料を安く済ませるために、空港ターミナルビルから遠く離れた場所で乗客を降ろし、バスでビルまで運ぶのがＬＣＣのセオリーなのだ。

バンコクは最も頻繁に訪れる都市で、この空港を発着するＬＣＣには乗り慣れているという個人的事情があった。ＬＣＣを利用する時には送迎バスのお世話になるのが常だったので、予期せぬ好待遇に僕は喜び勇んだ。

ＳＥ ＡｉｒはＬＣＣではないのではないか、とも思ったが、実際に予約をしたのはＬＣＣのタイガーエアウェイズだったし、機内食は当然のように有料であった。客室乗務員がおすすめしてくれたポークチャーハンと水を頼んだら、合わせて三五〇ペソもしたが、あいにくの味だったことも付け加えておく。

タイは僕にとって特別な国で、第二の故郷のような身近な存在でもある。二〜三ヶ月に一度のペースで来ているから、最近は海外旅行をしている感覚すらない。

タイムリーなことに、バンコクの空港の混雑が問題視されているというニュース記事がネットに出ていた。「入国九〇分待ちも」などという見出しに茫然自失《ぼうぜんじしつ》な気持ちになるが、度重なる政情不安や大洪水などの影響で外国人訪問客が減っていた近況を知るだけに、タイを応援する視点から見れば、訪れる人が増えているのは嬉しいことでもあった。

とはいえ、そわそわして落ち着かない。見てもどうにもならないのに、つい時計が気になってしようがなかった。実は一八時までに行かねばならない場所があった。飛行機が到着したのは一五時頃で、三時間もあれば余裕で間に合うはずだった。

すぐ後ろに並んでいた中国人の団体が、横に広がり列をはみ出ているのが気になった。僕のすぐ斜め後方から侵食してきて、あわよくば割り込みしようというオーラが漂っている。そういうことをするから、かえって混乱が深まるのだよ、と窘めたかったが、小心者の僕には言えるはずもない。カバンをわざとらしく横に置いて、これ以上前へ来ないように無言のプレッシャーをかけるに留《とど》めた。

中国人との攻防戦にかろうじて持ちこたえ、ようやく自分の番になった。入国管理官の机の端に、サンプルなのか搭乗券の半券が置いてあった。言葉が通じない人に、指差しで示すためのものなのだろうが、擬似的なものではなくきちんと名前や便名が印字され、明らかに本物なのがタイらしくて可笑しい。すぐに取り出せるようにポケットを探ったが、結局半券の提示は求められなかった。

乗ってきた便の荷物が出るターンテーブルに辿り着いた時には、飛行機が着陸してから一時間半以上も過ぎていた。荷物はすでに床の上に放置されており、次の便の荷物が回っていた。表示を見ると、成田から到着したANA便のようだった。バンコクへ来る際には僕が最もよく利用する便で、昔の知り合いに偶然再会したかのような懐かしさが募った。

タイの通貨であるバーツ札はすでにいくらか持っていたが、念のためATMで多めに下ろしておく。実はタイには銀行口座まで開いていて、バーツで預金している。クレジットカードではなく、タイの銀行のキャッシュカードでお金を引き出していると、自分が帰国したばかりのタイ人になった気分になる。

空港から市内までは、エアポートレールリンク（ARL）という専用列車に乗った。二〇一〇年に開通したばかりのまだ新しい列車だ。以前はバスやタクシーしか選択肢がなかったため、渋滞に巻き込まれて泣きを見ることも多かった。時間の読める移動手段の登場は、旅行者にとって画期的な出来事だった。

ARLには各駅停車のシティラインと、急行のエクスプレスの二本がある。終点までの所要時間はわずか一五分の差しかないから、普段は運賃の安いシティラインを選ぶことが多いのだが、この日は急いでいたためエクスプレスに乗った。

運賃は九〇バーツだ。本当は一五〇バーツなのだが、プロモーションが延長され割引になっているようだった。ARLは利用者数が伸び悩んでいると聞く。バンコクはタクシー代がそれほど高くないため、ホテルまで直行できるタクシーを選ぶ人もまだ少なくないのだろう。終点のパヤタイ駅からはBTSに乗り換えた。「スカイトレイン」とも呼ばれる、バンコク市内の移動手段としては最もポピュラーな、モノレールのような乗り物だ。市内には地下鉄も走っているが、BTSの方が使い勝手はいい。

本来であれば、優先すべきはホテルへのチェックインである。暑い中大きな荷物を持って歩くのはシンドイ。しかし、もう時間がなかった。チェックインは後回しにし、目的地へ直行せざるを得なかった。ナショナルスタジアム駅を降りた時には、午後五時半を回っていた。六時には閉まってしまうのだ。ギリギリである。

ナショナルスタジアム——つまり国立競技場が僕の目的地だった。

明日の朝、バンコクではマラソン大会が開催される。エントリーの締め切りが前日の六時だった。そう、その大会へ出走するつもりなのだ。

話は一ヶ月前に遡《さかのぼ》る。実は先月も僕はバンコクを訪れていた。その際、ふとしたきっかけから、マラソン大会が開催されるという情報を知ったのだ。

最近バンコクへ行くと、決まって訪れるバーがある。日本人マスターが経営する、「ウッドボール」というバーだ。日本のカラオケなんかもあって客層は日本人が中心だが、いわゆる駐在員ではなく、現地採用組や個人で事業をしているような、土地に根ざした者たちが集まっているのが特徴といえるだろうか。

そう聞くと、部外者お断りの内輪ノリの世界を想像しがちなのだけれど、気さくな雰囲気で居心地はいい。僕のような旅人がふらりと一人で入ったとしても、何の違和感もなく迎え入れてくれるし、知らない者どうしでもすぐに打ち解けられるアットホームなお店だ。

マスターのとっぴーさんは、バンコクの日本人社会ではちょっとした有名人で顔も広い。僕と同世代ながら、異国の地でゼロから店を立ち上げ、今ではシーロムとトンローに二店舗も構えているというから、実業家としても才能のある人物なのだろう。イケメンのあんちゃんって感じで人あたりは良く、喋り方も朗らかだから、人が集まるのもなんとなく腑に落ちるものがある。

マラソン大会のことは、ウッドボールで飲んでいる時にとっぴーさんから教えてもらったのだ。開催日に合わせてスケジュールを組んだわけではない。たまたまどんぴしゃでバンコクへ立ち寄る日程とかぶっていて、それゆえ出走を決めたのだった。

普通のマラソン大会ではなかった。タイにはバンコクマラソンという、日本の東京マラソンのような大きな大会もあるのだが、それとも別口だ。

明日、つまり大会が開催されるのは三月一一日である。

といえば想像がつくだろうか。あの忌まわしい3・11に合わせて開かれる大会だった。タイでも昨年は大洪水に見舞われたのは記憶に新しい。東日本大震災一周年行事として、東北の被災者とタイの洪水被災者への義捐《ぎえん》金を募るイベントとして企画されたチャリティマラソンなのであった。

このマラソン大会のために、チャリティTシャツが制作された。Tシャツは宮崎駿監督でお馴染みのあのスタジオジブリがデザインを手がけた。Tシャツを購入すれば、誰でも出走できる。一枚三〇〇バーツ（黒地のものは三五〇バーツ）のTシャツの売り上げが義捐金に充《あ》てられるという。よく考え練られた企画である。

なお、マラソンといえば四二・一九五キロだが、チャリティマラソンでは三キロおよび一一キロの二つのコースが設定されていた。これも3・11にあやかったものであることは言うまでもない。

さすがに三キロだと短すぎるから、僕は一一キロの方に出走する。スタート地点となる国立競技場がエントリー受付になっていた。大きな荷物をガラガラ転がしながら、なんとか締め切り間際に到着したというわけだ。

Tシャツのサイズを選ぶ際に、LにするかXLにするかで少し迷った。過去に何度かタイでTシャツを買ったことはあるが、いつもサイズ選びで失敗していた。タイ人は小柄なのか、ピタッとしたものが好みなのかは分からないが、日本の基準と比べてやや小さめのものが主流のようなのだ。

「エッエール、ヤーイ」

優柔不断な僕を見かねたのか、受付のおばちゃんが助け船を出してくれた。「エッエール」とはXLのことだろう。タイ人はよく最後の子音を省略する。「ヤーイ」は「大きい」という意味のタイ語だ。XLだと大きいんじゃないかしら、とおばちゃんは言ったのだ。そうかそうか、ならばと僕はLサイズに決めた。

走者の証明となるゼッケンも受け取ったところで、ようやくホテルへ向かうことにした。けれど再びカバンを転がし歩き始めると、ぐうとお腹が鳴った。チェックインしたりなんだりで時間がかかりそうなことを考えると、先に食事を済ませてしまうのも悪くないかもしれない。

国立競技場から道路を挟んだ斜向《はすむ》かいに、お気に入りの食堂があるのを思い出した。すぐ隣がバンコクの原宿などとも称されるサイアムで、バンコクのど真ん中に位置するこのエリアにあるレストランは小洒落《こじゃれ》た所ばかりなのだ。ローカルな食堂は案外少なく、その店は貴重な存在だった。

エアコンのない店内に腰を落ち着け、ガパオを注文した。バジルと挽肉《ひきにく》の炒め物で、日本のタイ料理屋にも必ずある鉄板メニューであり、僕が最も愛するタイ料理の一つでもある。日本のタイ料理屋で食べるそれとは、辛さのレベルが段違いで、顔を覗かせる唐辛子の赤色を目にすると、「ああ、タイに来たんだなあ」としみじみ感慨に耽《ふけ》る。

調子に乗って早くもシンハービールも飲み始めたが、あまりの辛さにすぐに汗に変わっていく。でも、ヒーヒー言いながら食べる瞬間はむしろ至福の時だった。


ホテルは中心部からはやや北側に位置するランナム通りに取っていた。バンコクは六〇〇万人が暮らす大都会であるが、地方出身者も多い。お上りさんが首都に集まるのは東京と同じである。ランナム通りの近くには、長距離バス乗り場があり、とりわけタイの東北地方イサーンからの出稼ぎ者が多く集まるのがこの界隈《かいわい》の特徴だった。以前はスクムビット地区に泊まることが多かったが、歳を重ねるにつれ、賑やかすぎるスクムビットからは足が遠のきがちになってきた。空港列車の開通により、ランナムなどのサイアムより北側のエリアが便利になったせいもある。

出稼ぎタイ人の街なので、安くて美味しい食べ所が充実しているのも魅力だった。外国人がそれほど多くなく、ローカル臭がより強い。大都会の中にあって、いまだ古き良き昔の雰囲気が失われきっていないのは心安らぐのだ。

それでいて、BTSに乗れば一〇分で繁華街へ辿り着ける。ホテルに荷物を置くと、僕は改めて中心部へ足を延ばした。セントラルワールドという、東南アジア最大級を謳《うた》うショッピングセンターがお目当てだった。

バンコクにはこの手の大型ショッピングセンターが続々誕生しているが、個人的に最も馴染み深いのはセントラルワールドである。ここだけで大抵のものが揃《そろ》うから、時間のない時などはまず真っ先に訪れるスポットになっている。

昨日までいたフィリピンとは、まったく違った旅になってきていた。気心の知れた街に帰ってきた感覚なのだ。もはや「旅」ですらないのかもしれない。

この時セントラルワールドで僕が辿った軌

BTSのラッピング広告にもエアアジアが！　勢いを感じるのだ。

跡を振り返ると、そのことがよく分かるだろう。ヘアサロンで散髪し、使い捨てコンタクトレンズを買って、タイポップスの新譜CDを物色した。旅人というより、在住者の行動パターンなのに、自分でも呆れてしまう。でも、見知った街で態勢を整えるのは悪くない。

出発前は慌ただしい日々が続いていて、髪を切りに行く余裕がなかった。伸び放題のままにしていたら、かつてないほどに悲惨なぼさぼさ頭になってしまい、ずっと気になっていたのだ。

タイで散髪するのはいつものことで、実は最近は日本よりもタイで切ることの方が多い。安い所だと一〇〇バーツ程度から切ってくれる。日本でも都市部であれば一〇分カットの理髪店が市民権を得るようになった。料金は一〇〇〇円程度と気軽なので、僕もたまにお世話になるが、タイだと比較にならないぐらい安い。

もちろん、安さだけにつられているわけではない。外国で散髪するとなると、その仕上がりに不安を抱く人もいるかもしれないが、タイ人は手先が器用で、はずれを引くことはあまりないのだ。

セントラルワールドの美容室はさすがに場所柄いい値段を取られた。といっても四五〇バーツであるが、街中の小さなヘアサロンよりは高級店という感じだった。最初にシャンプーをするのは日本と同じで、入店するとまずはシャンプー台に案内される。ヘッドマッサージを交えながら丁寧に洗髪してもらっていると、心地良い眠気が襲ってくる。

分業制になっているのか、シャンプーが一通り終わり鏡の前に案内されると、別の美容師さんが後ろについてワイをした。両手のひらを合わせるワイという動作は、仏教国タイを感じさせる美しい習慣だと思う。ワイで出迎えられただけでも、ああタイにいるんだなあと深い感動に身震いしてしまう。

美容師の世界のことは僕はよく知らないが、腕に個人差があることぐらいは想像がつく。カリスマ美容師なんて言葉も一時期流行った。僕についてくれた美容師の女性は、モデルのようにすらっと背の高い美人で、その表情には余裕と仕事に対する自負が入り交じったような、堂々とした風格が漂っていた。この美容室でもエース級の美容師さんなのか、若いアシスタントの子にてきぱき指示を出しながら、躊躇《ちゅうちょ》することなくサクサク切っていってくれる。これぞカリスマ、といった素敵な美容師さんに受け持ってもらって、ぼさぼさ頭で来店した自分のみすぼらしさに気後れしてしまった。

「スタイリングはどうしますか？　普段は毎日セットしていますか？」

切り終わってドライヤーをかけながら、カリスマ美容師の女性が尋ねてきた。英語も流暢で、こちらの拙い英語が恥ずかしくなるほどだ。

「いや、毎日はセットしないかな。ときどきですね……」

本当はセットなんて滅多にしないし、寝ぐせがついていても帽子で誤魔化すような日々なのだが、つい見栄を張った答えを返してしまう。どんな感じにセットするかとも訊かれたけど、とくに希望もないので、彼女の一存におまかせした。

すべて終わると、会計レジまでついてきてくれて、最後にもまたワイをして見送ってくれた。

「コップン・カップ」ありがとうと、お礼を言って僕は店を後にする。

美容院の二軒隣の洋服ブティックのショーウィンドウに映った、出来たてほやほやの自分の頭をちらりと見て、なんだかこそばゆい気持ちになった。

(10) 友情の旅ラン

目覚ましの音で眠りから覚醒した時には、窓の外はまだ薄闇に包まれていた。朝の五時である。南国のマラソン大会は朝早い。日中は三〇度を超える猛暑になるから、朝のまだ幾分涼しさが残るうちにスタートするのだ。飲みに行くのも我慢して、昨晩はそそくさと宿に帰って備えていた。

日本から持ってきたランニングシャツとパンツに着替え、アディダスのランニングシューズを履いた。昨日セントラルワールドで買ってきた使い捨てコンタクトレンズを目に装着する。写真は旅の間は一眼で撮っているが、さすがに重たいので予備のコンパクトデジカメを長めのストラップに繋いで、ウエストポーチのフックに引っかける。持ち物はあとは最低限の現金とiPhoneだけである。

エレベーターを降りると、ホテルはまだ寝静まっていて、ロビーには誰もいない。レストランの横を通りかかったら、朝食ビュッフェの準備をしているようだった。本当は走る前に何かお腹に入れたいのだが、あまり食欲もなかったので、そのまま通りに出てやってきたタクシーに飛び乗った。

昼間は渋滞に悩まされるパヤタイ通りも、さすがにこの時間はガラガラで、五分ぐらいで国立競技場に到着した。運賃はわずか四五バーツ。五〇バーツ札で支払い、お釣りはチップにしてもらった。

寝静まった漆黒の街でそこだけ唐突に光が渦巻いていた。知らない人が通りかかったなら、二四時間運行のバスターミナルか何かと勘違いしそうな活気が漲《みなぎ》っていた。

スタートを間近に控えた競技場へ、人々が続々と吸い込まれていく。袖のないランニングウェアから覗く引き締まった筋肉に血管を浮かび上がらせている、いかにも速そうな本気ランナーから、僕のようにウッカリ紛れ込んでしまったような俄《にわか》仕込みの者までさまざまだ。

日本の被災者のためのチャリティマラソンだけに、日本語も四方八方で飛び交っている。在住の日本人も数多く参加しているのだろうか。

　バンコクには知人も少なくない。誰かいないか軽く見回してみたが、人が多すぎて探す雰囲気でもなかった。今回大会に出ることを事前に連絡してはいなかった。お忍びでやってきたこともあり、残念なような、ホッとしたような複雑な心境だった。

　競技場の中にはステージまで用意されていて、プログラムを見ると、色々と催し物が予定されているようだった。出走直前、タイの民族衣装を着た女性たちが八人出てきて、太鼓隊による伝統音楽に合わせて踊りを披露し始めたので、僕もステージ前に陣取りカメラ

出走前に両国の親善を祈念し舞踊が披露された。テンションが上がる。

を構えた。開会のための記念パフォーマンスなのだが、単に走るだけでなく観光気分も味わえるのは一石二鳥で気分が盛り上がる。

踊り子たちは右手にタイの国旗、左手に日本の国旗を持っていた。両国のますますの友好を祈念した大会なのである。開催の意義を改めて痛感し、日本からやってきた者としては頭が下がる思いだった。

今日は三月一一日である。

あの痛ましい日からあっという間に一年が過ぎた。世界は僕たちに救いの手を差し伸べてくれた。タイは最も早く支援の名乗りを上げてくれた国だった。電力不足の日本のために、発電所をまるごと送ってくれたりもした。僕はあの日以降も、何度もこの国を訪れていた。お金や物だけでなく、海の向こうから真心を持って心配してくれていたことをよく知っている。

踊り子たちの後方には、大会のロゴが天幕に大きく描かれていた。両国の国旗を人間の手のひらに模し、二つの国旗模様の手のひらがガッチリ握手を交わしている。目頭が熱くなるような、やさしさの籠《こ》もった素敵なデザインのロゴだった。

感傷に浸る間もなく、ランナーはスタート地点に集合するようにと、アナウンスが流れた。ゾロゾロと人波についていき、集団の真ん中辺りに紛れ込んだ。足首のストレッチなどの準備運動をしながら、出発の時を待つ。

タイらしいゆるさに苦笑させられたのは、スタートの瞬間のことだった。出走時間は六時と告知されていた。

「ファーイブ、フォー、スリー……」

突然カウントダウンが始まって僕は狼狽《うろた》えた。時計を見たらまだ五分前なのである。え？なんで？　時計はぴったりに合わせていた。まだ心の準備が……。

「ツー、ワン……」に続いて、パンッと乾いた空砲の音が鳴り響いた。同時に、ランナーたちは勢いよく駆け出し始めた。僕はウエストポーチの位置を調整しているところだったが、仕方なく歩を進めるしかなかった。デジカメやｉＰｈｏｎｅを入れたウエストポーチは重みでずるずる落ちてくる。ベルトをきつく締め直すのに手こずりながらの走り始めとなり、みるみるうちに置いていかれてしまった。

海外でマラソン大会に出走するのはこれで二度目だった。というより、マラソン大会自体が二度目で、まだ日本で走ったことはない。前回はチェンマイマラソンに夫婦で出場したのだ。たった二度しかない経験が二度ともタイというのも不思議な縁を感じる。

チェンマイでは、ペースのゆっくりな奥さんに合わせて併走していた。歴史ある古都の景色を横目に二人で記念写真を撮ったりしながらの走行は楽しいものだったが、力を出し切らずに終わった感も否めなかった。

翻って今回は一人だから、最初から最後まで自分のペースで走ることができる。自由でもあり、自己責任ともいえた。

運動神経には自信のないタイプだが、長距離走は例外だった。昔から図体だけはデカイから、のろまな部分を体力で強引にカバーしていたのかもしれない。運動会は嫌な思い出しかないが、マラソン大会は心待ちにする子どもだった。

「のんびり走ろうぜ」

などと言っておきながら一位に入賞するような友だちが周りにいたせいもある。のんびり走ろう——か。今回も気負いはなかったはずだ。たいして練習はしていないし、日頃の不摂生が溜まりに溜まっているから、一一キロとはいえ完走するだけでも精一杯に違いないのだ。

ところが、僕は場の雰囲気に流されやすい男だった。こうして異国の地で、異国の人たちと肩を並べる形で走っていると、それだけでやたらとテンションが高まるのだ。空元気《から》なのだろうか。お祭りに参加しているのだから、楽しんだ者勝ちだろうという欲ばった気持ちもむくむく頭をもたげてくる。

コースはシンプルで、国立競技場を出た後、まずはラマ四世通りまで南下する。バンコク市内を横断する主要道路であるこの通りを西から東へ突き進み、国鉄の線路を渡ったところで再度北上。BTSの高架の下を走るラマ一世通りを真っ直ぐ、サイアム経由で競技場まで戻る。横長の長方形のようなコースである。

車の往来のとくに多い道路だが、端の一車線を封鎖し、車が通らないように警察官が誘導していた。見知った景色だけれど、いつもとは違った視点から堪能できることに浮かれ立ち、興奮のあまり躁《そう》状態で足を前へ運んでいった。

ストラップで繋いだデジカメを取り出し、パチリとシャッターを押す。まだ薄暗い中だから写真はぶれてしまうが、普段は徒歩では通れない陸橋の上などから周囲を見渡せるのは新鮮でもあった。

とはいえ、羽が生えたような開放的な気分でいられたのは、前半だけだった。

戦略的にペース配分を考え、ベストタイムを目指すような玄人ではない。

「先行逃げ切り型で行こう」などと偉そうな作戦を勝手に思いついてほくそ笑んでいたのも束の間、すぐに後悔の念に変わった。あまり深いことは考えず、高揚感に任せるまま、周りのランナーたちに後れを取るまいとついていこうとした。自分の能力以上のスピードだ。一キロも走ったところで早くも息が上がってきてしまった。

しかも、暑さが予想以上に堪えた。早朝とはいえ、ただでさえ暑いこの国が、一年で最も温度が上昇する季節だった。汗がとめどなく流れ落ちる。日も昇り始めてきて、さらにゆでだこのようになってきた。

途中ところどころに現れる給水所が天の助けに思えた。プラスチックのコップになみなみ注がれた水をぐわっと一気に喉に流し込み、氷を意地汚く頬張る。燃料が補給され、もう少しだけ頑張ろうと活力が回復する。

ただし、燃費は悪い。五分も走ると、身体に取り込んだばかりの水分が汗に変わって全身をべったり包み込み、力を奪い取っていく。切れそうな電池をわずかだけ充電し、だましだまし使っているような、ぎりぎりのタタカイになってきていた。

そのうち脚が鉛のように重たくなってきた。

――脚が痛い脚が痛い脚が痛い。心の中で弱音を吐き続けた。

必死だった。リタイアはしたくない。

交通整理をしている警察官が、ニヤニヤしながら携帯電話をこちらに向けているのが前方に見えた。無様な写真を撮られるのは癪《しゃく》だから、その瞬間だけは手を大きく振って笑顔で通り抜けた。見栄を張っている場合ではないのだが……。

ラマ一世通りに入ったところで、自分がどこにいるかの実感が湧いてきた。ＢＴＳの高架に沿って街の中心部へ駆けていく。この先に通過する駅を順番に思い浮かべ、残りの距離を想像してみる。プルンチット、チットロム、サイアム、ナショナルスタジアム——うわあ、あと四駅もあるのか。数えなければ良かった。

沿道に「残り四キロ」という表示が出ていた。心が折れそうになる。一一キロなんてたいしたことないだろうと高をくくっていたのだ。こんなに苦しいのに、まだ七キロしか来ていないとは。ペースがどんどん落ちてきて、横から次々抜かれていく。若者ならまだしも、僕よりも二〇は歳上と思しきご老体に先を行かれると、悔しくて情けなくて気持ちが逸《はや》った。奮起して足を前へ運ぼう、運ぼうとするも、身体が追いついてくれない。

サイアムスクエアの前を通り過ぎ、ＭＢＫの大きな看板が視界に入った。バンコクを代表するショッピングセンターであり、携帯・

大好きなMBKの前を走り抜ける感動。最後の頑張りを見せるのだ。

スマートフォンの店が無数に集まりガジェット好きの聖地的存在と目されるMBKは、個人的にもとりわけ親しみ深いスポットだった。その前も――通過した。ここを過ぎれば、競技場はもう目と鼻の先だ。

入口が見えた。ついにゴールか！　と頬を綻《ほころ》ばせたが、甘かった。なんと迂回して別のもっと遠い場所にある入口から中へ入るようなコースになっていた。一〇キロではなく一一キロと、一キロ多いせいなのだろうか。最後の一キロが永遠に終わらない距離に感じられた。ランナーを搦《から》め捕る狡猾《こうかつ》な罠《わな》のようで呪《のろ》わしかった。

朦朧《もうろう》とした意識の中で、競技場のトラックに入ったことを認識した時だった。ピカッと前方で何かが光った。とうとう事切れて、意識が完全に飛んだのかと思ったが、かろうじてカメラのストロボだと理解した。とんでもない形相《ぎょうそう》をして写ってそうだなあと恥じらう余裕もないうちに、ゴールゲートをくぐり抜けていた。

一一キロ、僕は完走した。途方もなく長い一一キロだった。

ゲートを通り抜けたところで、スタッフからメダルを手渡された。あの二つの国旗を模した手のひらが握手している、大会のロゴがそのままメダルになっていた。完走した者が手にできる記念メダルは、どんな土産物よりも貴重な宝物になる。マラソン大会に出たことがある者なら、この気持ちを分かってくれるだろうか。

しかし今はまだそれどころではなかった。

ぜえぜえ——息切れが止まらない。喜びを噛みしめるよりも、まずは水が飲みたかった。干上がってひび割れた乾季の川底のような、草臥れ果てた醜態を晒《さら》しながら、メダルをくれたスタッフの男性に僕は消え入りそうな声で問う。

「ナ、ナ、ナンパーオ。ナンパーオ、ユーティナイ？」

お水はどこですか？　拙い発音のタイ語だ。英語ではなくタイ語が自然と口をついて出た。すると、返ってきた答えに僕は意表を突かれた。

「お水でしたら、あちらにありますよ」

「えっ……」

スタッフは日本人だったのだ。ギャグのような展開である。日焼けしきった浅黒い肌や、醸し出す雰囲気は完全にタイ人のそれだった。長くこの土地に住んでいるうちに、身も心もタイに同化してしまう日本人は結構多い。僕の知り合いでもすっかりタイ人化してしまった者は珍しくないが……。

「あ、ありがとうございます」

お礼を言って、そそくさと教えられた場所へ水を取りに向かった。稚拙《ちせつ》なタイ語でタイ人化した日本人に話しかけるなんて、いやはや小っ恥ずかしいのだ。

配給場所へ近づくと、お米の匂いが鼻をついた。水だけでなく食事も配られているのを見て、タイらしいなあとしみじみ感じ入った。カオニャオと呼ばれる餅米を頬張り、バナナを齧《かじ》った。グラウンドに座り込んで、人心地つく。

やがてステージに司会者が上がってきて、お偉いさんのスピーチや、記念品の福引き抽選会などが始まり、賑やかな祭りの様相を呈してきた。僕も大好きなタイの国民的歌手バード・トンチャイ氏からの、温かいビデオメッセージもスクリーンで上映され拍手喝采が起きた。再び太鼓隊が現れ、ずんどこ音を鳴らし始めた。さらには日本、タイ両国の国歌斉唱。異国の地に君が代のメロディがこだました。

4055＝僕。自分の所を切り取って持って帰っている人が多かった。

ずきずき痛む脚を引き摺《ず》りながら会場を後にしようとすると、出口に写真が貼り出されていた。ランナー一人一人の写真が一面にずらりと並んでいる。ゴールを目前にして喜びを露《あら》わにしている者、顔をクシャッと歪めている者など、表情は様々で見て回るだけで相当に楽しめる。ゴール間際のフラッシュはこの写真だったのだ。

それぞれの写真の脇には番号が書かれている。隣のブースには、引き伸ばして大判サイズに印刷された写真が額に入って飾られており、プリンターが稼働していた。なるほど、お金を払って印刷してくれる写真屋さんのようだった。

商売上手だなあと感心しながら、自分の写真がないか探してみる。ゴールした順番に並んでいて、タイムも併記されていた。僕の写真は——あった。清々《すがすが》しい顔ではないけれど、なかなかよく撮れていた。決定的瞬間というやつである。貼られた写真をデジカメでパシャリと撮った。タイムは一時間六分三〇秒だった。

(11) バックパッカーにとってのLCC

ホテルに戻りシャワーを浴びると、裸のままベッドに倒れ込んだ。幾分体力が回復していたが、もう今日は電池切れである。仮眠して目を覚ました時には、あまり活動する気はしない。着替えてホテルの近くのマッサージ屋へ行った。

フットマッサージを一時間お願いする。料金は二〇〇バーツと、スクムビットやシーロムなどの繁華街と比べて安いのはさすがはランナム通りだ。

マッサージが手軽に受けられるのは、タイ旅行ならではの魅力的なオプションだと思う。料金が安いだけでなく、そこら中にある気安さが何よりいい。バンコクに限らず地方都市であっても、一〇分も探せば大抵は見つかる。市場の中でさえ青空マッサージ屋が出店しているぐらいで、逆にアロマの匂いが漂う高級店なども存在する。

とくにフットマッサージは着替える必要もないし、歩き疲れたらちょっと一服といった感じで休憩するのに最適だ。フットマッサージといいつつも、最後に肩や首、頭などもおまけで揉んでくれるのが普通で、心地良い時間を過ごすことができる。

日中の気だるい時間帯だったからか、店内には客は誰もいなくて僕一人で独占する形になった。暇そうな店員の女性たちが横で無駄話に花を咲かせている中、背もたれを水平近くまでググンと倒して僕は夢心地に浸っていた。

片側が鋭角的に尖った木の棒で足の指と指の間をキュッキュと擦りながら、マッサージ師のおばちゃんが上目遣いに尋ねてきた。

「今日は津波の日でしょう？」

僕が日本人だと知って、水を向けてきたのだろう。タイ人も今日が何の日かぐらいはみな知っているのだ。

「そうですね。実は今朝、津波のチャリティマラソンがあって、走ってきたんですよ。だから足がもうくたくたで……」

僕はタイ語混じりの英語で朝の出来事を説明した。ふと思い出し、デジカメで撮った写真を見せてあげると、周りで談笑していた女性たちが集まってきて小さな画面を交互に覗き込みケラケラ声に出して喜んでいる。心が和む平和な光景だ。

近くの露店で買い物でもしてきたのだろう。店員の一人が買ってきたばかりの洋服を広げ、鏡の前でおどけている。そのうち他の店員が唆《そそのか》したのか、店の奥で着替えてきてファッションショーが始まった。客がいることなんてお構いなしなのだ。僕は苦笑しながらも、内心ほくそ笑んでいた。この国のこういうゆるさが、もうどうしようもないぐらい愛おしい。

近くの食堂で昼食をとった後、BTSに乗ってサイアムへ向かった。バンコク屈指のお洒落スポットであるサイアムスクエアでは、なんと本物のファッションショーが行われていた。それも路上で、である。前へ進むのもやっとな人ごみを掻き分ける。レッドカーペットを颯《さっ》爽《そう》と歩くモデルさんたちの勇姿を写真に収める。

海外旅行の際、見落としがちで、つい忘れがちになるのだが、実は結構重要なのが曜日感覚だ。ツアー旅行などでは現地の人々の生活時間とは無縁のスケジュールが組まれる。もったいないと僕は常々思っていた。平日と休日では街の賑わい具合はがらりと異なるのだ。アジアの都市部の繁華街では、休日を謳歌《おうか》している若者たちに混じって同じ目線で街歩きをしてみると、観光地では出合えない驚きと発見がある。

休日の渋谷あたりへ遊びに来たようだった。ファッションショー以外にも、こぢんまりとしたものから、大がかりなイベントまで、あちこちで休日ならではの催し物が開かれていて、ぶらぶらしているだけで楽しめる。

とりわけ人を集めていたのは、サイアムパラゴン前の噴水広場で行われていた大型イベントだった。既視感のある光景にハッとした。ウルトラマン、ドラえもん、孫悟空、涼宮ハルヒ……。見知った顔がたくさんいる。日本のアニメフェアだった。日の丸の国旗と、「TSUNAMI」という文字が掲げられている。さっきまで自分も着ていた、例のチャリティTシャツの販売ブースも出ていた。こんなところでも3・11の一周年行事が行われているのだ。

日本のポップカルチャーが人気を集めている現状を世界各地で垣間見てきた。クールJAPANなどと持て囃《はや》されて久しい。経済的には少し元気がない我が国だが、一方でアニメや日本食など、日本の文化的側面に光が当たるようになったことは、ここ数年旅していて最も感じることだった。

アニメフェアの会場を囲むようにして、随所に人だかりができていた。誰か有名人でも来ているのだろうかと、野次馬根性丸出しで観察してみる。カメラを持った男たちが輪になっていた。男たちが構えるレンズの先、輪の中心には髪の毛を緑色に染めた女子高生がポーズを決めていた。

——コスプレイヤーの撮影会。日本のコミックマーケットなどでもお馴染みの光景だ。コミケには僕も行ったことがあるので想像つくが、国は違えどやっていることはあれとまったく同じである。

リュックを背負って秋葉原を歩いてそうな男たちばかりで可笑しかった。汗でべったりのTシャツが背中に貼り付いた太った男たち。高そうな一眼レフを真剣に構えている彼らの

国は違えど志は変わらず。巻頭のカラーページにも写真載せてます。

輪の中に、僕も身体を滑り込ませた。コスプレの女の子は、五秒程度の間隔で素早く目線を移動させる。撮られ慣れているのだろうか。取り囲んでいるすべてのカメラに対して、まんべんなく目線を配ってくれているようだった。本家日本から来たのだ、と鼻の穴を広げ、僕は負けじとシャッターを切った。

続いて訪れたターミナル21というショッピングセンターでも再び目を瞠った。今度はガンダムフェスタが開催されていた。吹き抜けのロビーに、優に二階までの高さはあるであろう巨大なガンダムの像が飾られ、特設ブースで行われているクイズ大会に黒山の人だかりができていた。プラモデルやDVDなどのグッズも売られている。もちろん海賊版ではなく正規流通品だ。日本で買うよりも割高なそれらが飛ぶように売れているのを見るのは、日本人としては不思議な感覚だった。

そういえば昨晩訪れたセントラルワールドでも、東日本大震災報道写真展が開催されていた。タイ人の買い物客たちが足を止め、真剣な表情で見入っていたのが印象に残る。無数の折り鶴が祈りのメッセージと共に飾られていて涙腺が緩んだ。

今回のバンコク滞在では、どこへ行ってもやたらと日本を感じさせる光景にばかり出くわした。3・11から一年。街全体が日本を大プッシュしているようなのだ。当事者ではないのにこれほど気をかけてくれるなんて、感謝してもしきれない。

国によって差別するわけではないのだけれど、タイは間違いなく一番の友好国の一つだと僕は思う。これまで七〇ヶ国以上旅してきたが、この国が特別居心地が良い理由に、日本や日本人へ対する温かな視線があることは疑いようがない。

行きつけの喫茶店に入ってケーキとコーヒーを注文した。マンゴーなど南国のフルーツが惜しみなく載ったトロピカルケーキが恋しくて、バンコクへ来る度につい足を向けてしまう。客は一〇代の女子ばかりだ。いい歳した男が一人でケーキをつつくのは気恥ずかしいが、誰もこちらに注目なんてしていない。

ｉＰｈｏｎｅを取り出しネットでニュースをチェックしてみると、日本の新聞社のサイトに今朝のマラソン大会の話がさっそく記事になっていた。参加者数は約二五〇〇人だったと発表されていた。多いのか少ないのか——二五〇〇分の一である僕は多いと感じた。マラソン大会以外の場所でも、多くのタイの人たちがなんらかの形で共有してくれていた。あの忌まわしい日を、我々のやりきれない悲しみを、行き場のない憤《いきどお》りを。その事実を忘れないように胸に刻んでおきたい。

コップン・カップ、ありがとう。いつかきっと恩返ししたい。いつかきっと。

バンコクを発つ日がやってきた。飛行機は午後だから、午前中少しだけ時間があった。迷わず向かったのはお寺だった。

東京に負けず劣らずの大都会でありながら、バンコクには街のあちこちにお寺や、お参りスポットなどが散在する。仏教国タイを感じさせる光景に、異国から来た者は心奪われるのだが、極彩色の寺院はエキゾチックという言葉だけでは片付けられない奥深い魅力を備える。

僕はタイへ来る度に、必ずどこかのお寺を参拝することにしている。罰当たりな日々を懺悔《ざんげ》し、欲深く神頼みする。何ヶ所もはしごすると集中力が続かなくなるので、一度の渡タイで一ヶ所と決めている。今回は時間もあまりなかったので、中心部から近いワットホアランポーンという寺院へ向かった。

タイ人の宗教との付き合い方を観察してい

ワットホアランポーンは街の中心部から近く、訪れやすい寺院だ。

ると、絶妙な距離感だなあといつも感心させられる。ほかのもっと宗教色の強い国々と比べるとストイックではないが、日常に欠かせないものとして根ざしている。

自分は特別信心深い人間というわけではない。けれど、タイのお寺は気張らずにサラリと入れる（ような気がしている）のがいい。

「ここで降りてもらっていいですか？　入口に横付けすると遠回りになるから」

お寺から少し離れた場所でタクシーを降ろされた。客の利便性よりも、自分の都合を重視するのはタイのタクシーではよくあることで、文句を言わず従うしかない。

月曜の午前中だからか、ワットホアランポーンは閑散としていた。周辺にはバンコクでも最大規模のオフィス街があり、東京でいえば丸の内のような場所なのだが、境内は都会の喧《けん》噪《そう》とは無縁の静寂に包まれている。

靴を脱いでお堂に上がり、正座をして手を合わせた。お願いしたい事は山ほどあるけれど、まずは東北地方のいち早い復興を祈願し、続いてこの旅の無事を祈った。

お寺を出て、ＢＴＳの駅まで散歩をする。強い陽射しから逃げるようにして、日陰を辿りながら歩を進めていく。お寺の周りだからか古めかしい家々が立ち並ぶのは、日本とも共通している。下町というやつだろうか。ビルが立ち並ぶ都会の裏路地とは思えないのんびりした街並みに、心が丸くなっていく。ランチタイムに合わせて準備を進めている屋台の軒先で、やせ細った真っ黒な猫が欠伸をしていた。

最寄りのサラデーン駅へ向かう途中には、夜の盛り場として有名なパッポンやタニヤを通り過ぎることになる。昼夜逆転している街は、午前中から営業している店なんてないから、兵どもが夢の跡といった感じでがらんと静まっている。

マラソンで消耗しきった僕は、パッポンやタニヤのような華々しい街に足が向く元気はなく、昨晩はウッドボールでマッタリ飲んで眠りについた。

店のカラオケで女性客が季節外れの辛島美登里「サイレント・イヴ」を熱唱しているのを横目に、タイのプロリーグでサッカー選手をしているという日本人と少し話した。相変わらず集まるメンツは、日本では知り合えないような面白い人が多い。

マスターのとっぴーさんに「一時間六分三〇秒でした」と自分のタイムを話したら、「速いっすね！」と目を丸くされた。自分としてはあまり納得いく結果ではなかったが、下には下がいたらしいと苦笑する。とっぴーさん自身も出場したそうで、一時間半もかかったのだと頬を掻きながら語った。でも前日の営業が終わって店を閉めてから、そのまま寝ないで走ったというから、そっちの方がすごいと思う。

お昼ご飯は、ネクタイをしめたタイのビジネスマンやＯＬたちに混じりながら麺を啜った。センレックナームという米でできたビーフンのような麺料理は、手軽にお腹を満たしたい時に毎度重宝する。テーブルに置かれた調味料セットを駆使して客は思い思いに好みの味に調整する。唐辛子の粉末を入れすぎて辛くなってしまい、砂糖で誤魔化しながら完食。麺に砂糖を入れるなんて最初の頃は抵抗があったが、今では甘味がないと物足りなさを感じるようになってしまった。

混雑した食堂は相席になっていて、向かいに座ったおじさんの食べ方に目を瞠った。麺に加え、白ご飯を注文していた。日本のラーメンライスと似た発想だ。見ると、ほかのテーブルでも麺を啜りながらご飯をかき込む客がたくさんいた。タイの麺は日本のラーメンや蕎麦《そば》なんかと比べて、一杯あたりの量が少ないのだ。タイ人は小食なのかと思っていたが、足りないと感じる人も少なくないのだなあと知り、なんだか嬉しくなった。

チェックアウトして空港へ移動する。来た時はエクスプレスだったが、シティラインの方が先に来ると聞いてそっちに乗った。空港行きとはいえ、各駅停車だから地元の人たちも乗り降りする。さり気なく視線を走らせると、小さな赤ん坊を抱いた若いお母さんが乗ってきたのを見て、座っていた乗客たちが我先にと席を譲ろうとしていた。ＢＴＳや地下鉄もそうだが、タイ人は日本のようにドアが開いた途端に奪い合うようにして座席に殺到したりしない。こういう部分は見習うべきだろう。

珍しく余裕を持ってスワンナプーム国際空港に到着した。使い慣れた空港だからと過信し、時間ぎりぎりか、遅刻気味にやってくるのが常だったから、我ながらやればできるのだと独りごちる。

乗るのはタイ・エアアジア航空だった。マレーシアのＬＣＣエアアジア・グループに属する、タイのＬＣＣだ。これまでも何度か乗ったことがあった。ちょうど一年前にバンコクからインドのデリーへ飛んだ時も確かタイ・エアアジアだった。

出発便の少ない時間帯なのか、空港内は割と空いていたが、タイ・エアアジアのカウンターだけが異様に長い行列ができていた。芋洗い状態にげんなりさせられるが、ＬＣＣの今の勢いを考えれば、納得の光景にも思えた。バンコクは周辺地域のハブで、ここを起点に網の目のように航空路線が張り巡らされている。一〜二時間程度の短距離路線も多い。その程度の移動であれば、運賃の安さが際立つＬＣＣに客が流れるのは自然のことなのかもしれない。

再びエアアジアの広告を発見。荷物を運ぶならこのカートで。

とはいえ列の回転は早く、すぐに自分の番になった。効率化を重視しているＬＣＣだけに、搭乗手続きに時間をかけるのはエアラインにとっても無意味なのだろう。パスポートを差し出すと、ぱちぱち叩いて一〇秒ぐらいでお約束の感熱紙の搭乗券が出てきた。今度は座席番号も予約した通りだ。

日本を出発してからこれで五本目のフライト。すべてＬＣＣだったが、過去の四本と比べ、今までで最もスムーズに事が運んでいるように感じた。台湾やフィリピンではどこか詰めの甘さが目についた。北海道や関空でもまだ幼さがあった。翻ってタイではＬＣＣだからといって、何かが違うわけでもない。ＬＣＣ先進国とでもいえるのだろうか。突っ込みどころがないのは、少し寂しくもあった。

搭乗口まで来ると、欧米人のバックパッカーの姿がやたらと沢山目についた。カオサンあたりを闊歩していそうな、Ｔシャツ短パンサンダルの見るからにパッカーといういでたちはむしろ新鮮だった。

バンコク発、ホーチミンシティ行き。次の目的地はベトナムだ。

かつてバスで辿ったルートだった。長距離バスの狭い座席に四苦八苦しながら、悪路に揺られて何時間もかけて目指したあの旅を懐かしむ。陸路にこだわらないなら、バックパッカーの世界でもＬＣＣという新しい選択肢が生まれていた。さほど料金が違わないのであれば、バスを選ぶ理由はない。

ＬＣＣの登場で、これまで無縁だったアジアの一般庶民にも飛行機移動の門戸は広がったとされる。長距離バスの代替として一気に普及した背景があるのだ。

一方で地元の人たちだけでなく、アジアを旅する外国人バックパッカーにとってもパラダイムシフトとなっていた。旅のスタイルに変化が生じたのだ。一〇年前を知る者としては感慨深いものがある。

――NOW EVERYONE CAN FLY.

駐機場に停まっているエアアジアの赤い機体に、そう英語で書かれていた。

――誰でも乗れる。同社が提唱するキャッチコピーだが、これほどＬＣＣそのものの意義を言い表している言葉もないだろう。

ほぼ定刻通りに搭乗開始となった。空も晴れ晴れとしている。快調な空の旅になりそうだった。

(12)　変わりゆくアジアを再訪する旅

赤い制服を着た客室乗務員を呼び止めたのは、機内販売のグッズを買いたかったからだった。エアアジア・グループのシンボルカラーにもなっている赤い制服は、空港内で彼女たちが歩くことによる宣伝効果も上々だと聞く。その赤を基調とし、同社のロゴが入ったグッズが機内で売られている。腕時計やボールペン、キーホルダーなど。LCCでこの手のグッズを積極的に展開しているのは珍しい。真っ赤な機体と覚えやすい社名ロゴ。エアアジアが急成長を遂げた背景には、ブランディングの上手さも効いているのだろう。

もうだいぶ昔、五年ぐらい前に乗った時には、LCCというよりエアアジア自体が日本ではあまり世間的には認知されていなくて、物珍しさからTシャツを買ったのを記憶している。今回購入したのはトートバッグだった。近頃はエコバッグなどともいうが、「エコ」という言葉は面映《おもは》ゆいのでトートバッグと呼びたい。

機内販売のラインナップは、シートポケットの中の冊子にまとまっている。ぱらぱらめくっていて目に留まったのがトートバッグだったのだ。LCCの旅だからと荷物を極力コンパクトにまとめてはきたものの、実は少しずつ増えてきてもいた。

バンコクではコンタクトレンズや音楽CDなどを買ったし、これから先の国々でも色々と調達する予定があった。

機内預け荷物は有料で、重量ごとに料金が違ってくるのがLCCの流儀だ。航空会社によっても異なるが、何キロの荷物を持ち込むかは予約時に選択できるようになっていて、多くの場合一五キロ以内が最安となる。

　実はこうなるであろうことを見越して、最初のうちは一五キロ、後半の方になると二〇キロとなるように、予約時に荷物の重量を意図的に設定していた。新千歳空港を出た時には一二キロだった。ベトナムから先は、荷物が増えても二〇キロまでは大丈夫なのだ。増えた荷物をまとめるのに、トートバッグは便利そうに思えたというわけだ。座席のシートベルトが持ち手になっているトートバッグのデザインも気が利いていて、値段が六〇バーツと手頃なのもLCCらしく物欲をそそられた。

　キャビンは左右に三席ずつのレイアウトで、僕は窓側だった。隣にはタイ人の若い女性が一人で乗っていた。ｉＰａｄで読書をしてい

機内販売でゲットしたトートバッグ。なかなか洒落たデザイン？

るようだった。別に覗き見したわけではないが、何を読んでいるかがちらりと見えた。マンガだった。それも日本の超有名な作家のマンガだ。

日本ではなかなか普及しない電子書籍だが、海の向こうでは確実に、そして日常的に見かけるようになって久しい。二年前に北米へ行った時には、かなりの数の乗客が離陸するなりキンドルやiPadを広げていて驚かされた。昨年ロシアへ行った際にも、モスクワやサンクトペテルブルクの地下鉄では電子書籍端末を読み耽る人だらけだった。紙の本ではなく電子書籍であれば、物理的なスペースの圧縮が図れるのは、移動の多い旅人にとっては僥倖《ぎょうこう》といえた。

既存航空会社とLCCの違いにもう一つ言及するなら、シートモニタがない点が挙げられる。中には豪勢にも付いているLCCも存在するが稀だ。単なる移動手段と割り切る限り、LCCでシートモニタが省かれるのは当然でもある。

機内での暇つぶしに映画を観たい人にとっては、これはもしかしたら減点ポイントになるのかもしれない。けれど、僕にとってはシートモニタの有無はどうでも良かった。機内での短くない時間の大半は読書して過ごしている。暇つぶしというよりは、逆にじっくりと活字の世界に浸れる至福の時間である。

長時間のフライトなら映画を観ることもあるが、シートモニタが付いていたとしても、それこそｉＰａｄなど視聴用の端末を自前で持参する。何を観るかは自分で選びたいし、飛行機のシートモニタは画質が悪いから観る気がしないのだ。

そんなものを無理して付けるぐらいなら、そのぶん運賃を安くしてくれる方がよっぽどいいとずっと思っていたから、ＬＣＣの潔さがむしろ好印象でさえあった。

シートモニタがない弊害としては、現在地を確認できないことぐらいだろうか。シートモニタが付いている機体ならば、目的地までの残りの距離と時間、到着予定現地時刻などが表示されるのが普通だ。

「今どのあたりを飛んでいるのだろう？」

疑問に思っても確認のしようがないのは、ほんの少しだけ残念ではある。

代わりに、窓の外の景色を見て想像を膨らませてみる。雲と雲の間から眼下を望むと、所々にミルクティーのような濁った色の河川が流れているのが見えた。木々の少ない開けた平地には一面田んぼが広がる。タイとベトナムの間には、カンボジアという別の国が挟まれている。カンボジアの上空あたりだろうか。

バンコクからホーチミンシティまでは、わずか一時間半のフライトである。これまでで最も短いフライトだが、インドシナ半島内であれば、どこへ行くにもその程度の所要時間で済む。短距離路線を中心としたＬＣＣにはお誂《あつら》え向きの地域といえる。

やがて民家がポツポツと見えてきて、次第にその密度が濃くなってくる。陸路で移動した時もカンボジアからベトナムへ入った瞬間に、がらりと雰囲気が変わった印象がある。建物が密集してくるにつれ、ホーチミンシティが近づいているのが分かる感覚は、空の上にいても変わりないようだった。

タンソンニャット国際空港という名前はなかなか覚えにくい。ホーチミンシティ空港の正式名称だ。三桁の空港コードは「SGN」で、この街がかつて「サイゴン」と呼ばれていた時代があったことを物語っている。

着陸し空港ターミナルビルに接岸すると、すぐ隣にはトルコ航空の機体が停まっていた。トルコ〜ベトナム間に直行便なんてあるのだなあ。旅先の空港では、しばしばこういうマイナー路線の存在に気がついたりして興味深い。ネットで細かく調べれば分かることかもしれないが、実地で仕入れた知識の方が印象の濃さは増す。

以前にイスラエルへ行ったことがある。きっかけは、まったく別の場所へ行った際に見た大韓航空の機内誌だった。巻末に載っているお決まりのルートマップをパラパラめくっていて、ソウルからテルアビブまで直行便が出ていることを知った。イスラエルなんて地の果てのイメージがあったけれど、ソウル経由で行けるのならハードルは一気に下がる。料金もヨーロッパ経由で行くより遥かに安かった。

旅のノウハウなんてものが仮にあるのだとしたら、それは些細な知識の積み重ねにすぎない。それも机上の空論ではなく、現場で身に付けたものの方により重みがある。実体験を伴う情報こそが旅人の糧《かて》になると思うのだ。

ホーチミンシティはかれこれ四度目だった。空港だけなら昨年もミャンマーへ行く際に乗り継ぎで利用したばかりだが、街に出るのは久々だった。

初めてこの国を訪れたのは二〇〇二年のことである。当時は入国するのにビザが必要だった。手数料を六〇〇〇円以上も取られたが、今となっては昔話だろう。この一〇年の間に、アジア各国ではビザが不要になり、気軽に渡航できるようになった。あの中国でさえ、当時はビザが必要だったのだ。ビザ撤廃の流れは、アジアの著しい経済発展と共に実現されてきたのだともいえた。

おまけにベトナムは、今や入国カードすら省略されている。パスポートだけを提示すると、イミグレーションの係官は朗らかな笑みを浮かべ言った。

「どこに泊まりますか？」

「デタム通りの近くのホテルです」

「ああ、あそこは外国人が多くて賑やかですよね」

そんな世間話ができるなんて、この国もずいぶん変わったのだ。入国審査では無愛想な係官に鋭い目つきで睨まれるような国だった。絵に描いたような社会主義の国といった重々しい雰囲気に怯《ひる》まざるを得なかった当時からすると、隔世の感がある。

ただし、パスポートへのスタンプを真っ白な見開きに押すのは相変わらずだった。たまたまなのかもしれないが、少なくとも僕の経験では毎回そうなのだ。理由は不明だが、あのアメリカと喧嘩《けんか》して一歩も引かなかった国である。ほかの国のスタンプがあるページに押すのは、彼らのプライドが許さないのだろうか。

空港ターミナルビルも数年前に改装を終え、綺麗になっていた。荷物をピックアップして税関検査を抜けると、タクシー会社やレンタカー会社などのブースが横一列に並んでいる。まずはＡＴＭで現地通貨であるベトナムドンを引き出すことにした。

カードを機械に挿入し、ＰＩＮ（暗証番号）を入力すると、金額の選択画面に切り替わる。ここでしばし逡巡した。いくら下ろそうかという問題に加え、桁の大きさに頭が混乱してしまったのだ。ゼロの数が多すぎる。指差ししながら数えてみる。

いち、じゅう、ひゃく、せん、まん、じゅうまん、ひゃくまん。

――ひゃ、ひゃくまん！

咄嗟には暗算ができない数字だ。仕方ないので、ｉＰｈｏｎｅの為替レート計算アプリの力を借りることにする。一〇〇万ドンがだいたい四〇〇〇円弱と判明した。桁の大きさの割には案外小さな金額に思えた。それだとさすがに少なすぎるので、結局二〇〇万ドンを下ろす。手数料として二万ドンが別途必要と表示されたが、二〇〇万ドンの一〇〇分の一だしなあ……と訳が分からないままOKボタンを押した。

軍資金ができたところで、タクシー会社のブースに並ぶ。

ベトナムのタクシーは悪名高いことで知られる。ぼったくりは茶飯事だし、何かとトラブルが絶えない。僕自身も過去に痛い目に遭った経験がある。ベトナムのガイドブックには、どのタクシー会社が良いかがたいてい書いてある。会社を決め打ちしたうえで乗り込むのが、旅行者の鉄則なのだ。

今回はネットで調べて評判の良かったマイリンタクシー社のブースに並んだ。先客が列を作っていて、順番にスタッフが車まで案内しているようだった。

デタム通りまでの料金を尋ねると、「トゥーハンドレッド」という答えが返ってきた。トゥーハンドレッド？　二〇〇ドンのはずはない。

そうか、実際の金銭授受の場面においては、便宜を図るために下三桁を省略しているのだ。二〇〇は、〇を三つ足して——二〇〇万になる。約八〇〇円弱であれば、まあ妥当な金額といえるだろうか。

「エキストラチャージは一切必要ありませんので」

スタッフの若い男は流暢な英語で補足説明を加えた。プリペイドタクシーだから、空港で前払いすればほかにはお金がかからないのは当然だが、運転手によってはあの手この手で小金を追徴しようとする。以前来た時には空港を出る時に駐車場代を支払えと言われ、揉めに揉めたのを思い出した。

ホーチミンシティの街は再構築の真っ最中といった感じで、至る所新しくなり、綺麗になっているのがタクシーの車窓からも窺えた。単なる建て替えではなく、より文明的なものへと洗練されてきてもいるようだった。前回来た時の記憶がそっくりそのまま塗り替えられそうなほどの変貌ぶりに、僕は浦島太郎の気分で目を瞬かせた。

一方で、変わっていない点もある。

個人的にはベトナム最大の見所であるとさえ感じていたから安堵した。私見を述べるならあらゆる伝統文化や観光スポット以上に必見の、この国の名物――。

そう、バイクである。

庶民の日々の足であり、ベトナム人の生活に最も欠かせない乗り物。

街の中心部へ近づくにつれ、台数が増え始めた。やがて僕が乗っている車を取り囲むようにして群れが出来始める。信号のない交差点であってもほとんど減速せずに、左から右から前から後ろから、さらには斜め前や斜め後ろから、絶え間なくバイクが現れ、器用にすれ違っていく。一台に三人乗りなんて当たり前。窓を締め切った車内にいても、エンジン音が喧《やかま》しく鳴り響き騒々しいったらありゃしない。

喩《たと》えるなら、暴走族のようであり、バッタの大群のようでもある。

ホテルに到着したら、少々困った事態になった。ベトナムの道路は日本とは違って右側通行だ。目の前の道が一方通行になっていて、タクシーは必然的に右端の路肩に停車する形となったのだが、ホテルは進行方向の左側にあった。つまり、車を降りてから、歩いて道路を横断しなければならない。道路にはバッタの大群のようなバイクが、洪水のようにひっきりなしに流れ続けている。信号機はないし、横断歩道なんて気の利いたものがあるわけでもない。

——うーん、これを渡るのか。

僕は匙《さじ》を投げたくなった。大きな荷物をガラガラ転がしながら横断するには、いささか勇気のいる光景が目の前に広がっている。

とはいえ、選択肢はほかになかった。ええいままよっと意を決し、洪水の流れとは垂直方向に突入した。一歩一歩、踏みしめるようにして進んだ。左から続々やってくるバイクを瞥《べっ》見《けん》しつつも、歩くスピードは一定を心がけた。急に立ち止まったり、びびって駆け出すとむしろ危ないのだ。渡り終えたら安堵のあまりどっと疲れた。

チェックインすると、予想していたよりもずっといい部屋で嬉しくなった。値段がかなり安かったので、安宿に毛が生えたレベルかと見くびっていた。窓もちゃんと備え付けられていて、高層階なので見晴らしもすこぶる良い。

ホーチミンシティや、首都ハノイでの宿選びで要注意なのが窓の有無だった。ベトナムの建物構造の特徴なのか、窓が付いていない窒息しそうな部屋が珍しくないのだ。

実は予約サイトで比較検討していた際に、窓付きか窓なしかが併記されていることに気がついていた。ベトナムに限らず、世界中のホテルを予約できる有名なサイトだったが、窓の有無までわざわざ言及されているのを見たのはベトナムが初めてだ。同じホテルでも、グレードによって窓のある部屋とない部屋が混在していた。

宿に対しては、僕自身は寛容な方だ。寝るだけだからと割り切って、黴臭《かびくさ》いボロ部屋で我慢した経験も数知れない。古かったり、狭かったりするのはまだ我慢できるのだ。一方で、窓がない部屋だけは耐えられなかった。安いからといってよく確認せずに飛びつくと痛い目に遭うのは、LCCにおける教訓とも似通っている。

ベッドでごろごろしながら寛《くつろ》いでいると、電話が鳴った。日本で留守番している奥さんからだ。声を聞くのは久しぶりだった。

「もしもし、元気にしてる？　そっちは暑い？」

「うん元気元気。思ってた以上に暑いねえ。だいぶ日焼けしたかも」

東京はようやく寒さが和らいできたものの、まだまだ厚手のコートとストーブが必要だと電話の向こうで彼女は言った。

「例のマラソン大会走ったよ。かろうじて完走。まだ足腰痛いよ」

昨日のバンコクでの一件を報告する。震災一周年ということで、日本でも数多くの追悼行事が開かれていたのだと教えてくれた。奥さんは一人で車を運転してなんと仙台まで行ったという。

「どこに泊まったの？」と僕はさり気なく質問を向けた。

「後部座席を倒して車で寝たよ」と平然とした調子で彼女は答えた。我が妻ながら、サバイバル能力の高さにはいつも感心させられる。

「いよいよバリが近づいてきたね」

「うん、空港まで迎えに行くよ」

「了解。じゃあ、引き続き気をつけて楽しんでね」

じゃあ、と返して通話を切った。とりあえずは元気そうで何よりだ。

専らの懸案事項は洗濯物がたまっていたことだった。着替えは日程のちょうど半分の分だけ持ってきていた。着るものがなくなったということは、この旅も折り返し地点を迎えたことを意味した。終着地バリへは着実に近づいているが、まだもう少しある。どこかで洗濯をしなければならなかった。

ここへ来るタイ・エアアジアの機内で買ったトートバッグに洗濯物を詰め込んだ。泊まっているのはデタム通りのすぐ近くだから、旅行者向けの洗濯屋がきっとあるはずだった。デタム通り周辺は、いわゆる安宿街というやつである。バンコクのカオサンなんかとも似ており、バックパッカー向けの店が数多く集まり、ベトナムの旅の拠点的存在になっている。街の中心からは少し離れているが、外国人旅行者にとっては便利なエリアであることは間違いない。

ホーチミンシティを取り扱った多くのガイドブックでは、街の中心はドンコイ通り周辺だと書かれている。載っているホテルもドンコイ通り周辺に集中している。一方でデタム通りも載ってはいるが、情報量は乏しい。ツアー客や、個人旅行者でも日本から短期で訪れるようなタイプにはあまり馴染みがないエリアともいえるデタム通りなのだが、僕はこの街に来る度にいつもお世話になっていた。

洗濯物屋を探し求めて、安宿街を彷徨った。何度も来ている場所だからこそ、街の変化には敏感になる。タクシーの車窓から眺めていたよりもさらに、街が大きく変貌しつつある現状をまざまざと痛感させられることになった。

中心となるデタム通りには、シンカフェという有名な旅行会社がある。現地発着の各種オプショナルツアーや、ホーチミンシティからハノイまでを南北に繋ぐツーリストバスは、ベトナムを訪れるバックパッカーにとっては馴染みの存在でもある。

ほかにキムカフェや、日本人向けのTNKトラベルなども対抗馬として挙げられるだろうが、知名度に関してだけいえば、デタム通りといえばシンカフェというイメージが強い。

そのシンカフェのオフィスの前を通りかかって、僕は目を瞬かせた。なんとガラス張りの小洒落た佇まいになっていたのだ。あまりの変わりぶりに、看板の文字を見るまではここがシンカフェだとは気がつかなかったぐらいだ。

浦島太郎気分がさらに加速した。辺りを見回すと、ほかのショップやレストランもずいぶんと様変わりしている。派手な装いにリニューアルされた店もあるし、店自体がなくなってしまい、別の店に変わっているところもあった。

アジアのとくに都市部においては、いまやこういった驚きは決して珍しいものではない。しばらくぶりに来ると、あまりの成長の早さに置いてけぼりを食らったような気分になる。中でもベトナムはとりわけ変化の度合いが強いように思えたのだった。

あいにく洗濯屋はなかなか見つからなくて、途中の商店で聞き込みしながらやっとのことで探し当てた。トートバッグの中の小汚い衣類の山を、テーブルの上に撒き散らすと、洗濯屋の主人は眉をひそめた。

「うちはキロ単位では受けてないけど、大丈夫ですか？　Tシャツは二〇〇〇、パンツは一〇〇〇、ソックスは……」

品目ごとに個別に課金されるらしい。全部まとめて重さで料金が決まるシステムだろうと思い込んでいたから、僕はたじろいだ。物価も上がっているのだろう。せこい商売はもうしないということか。

「だったら全部でなくていいです。ええと、これとこれと……」

ランニングウェアなどはもう着ないから、洗濯に出さなくてもいい。靴下も全部は洗わなくてもいいだろう。予想していたよりも高くつきそうなので、洗ってもらうものを選別する作戦でいくことにした。

夕食を路地裏のレストランで済ませた後、飲み足りなかったのでデタム通りの中でも一際目立っていた派手目なカフェバーに入った。ところが、席についてジッと待っていても、誰も注文を取りに来ない。メニューを見ると、強気な値段が書かれていた。結構な高級店のようだが、店員のやる気のなさには愛想が尽きる。諦めてさっさと退店し、別の店に入った。

その店もいまいちシャキッとしていなかった。お酒も出す小さな食堂といった感じで、僕は生ビールを注文した。ベトナムの地ビールである「333」（と書いてバーバーバーと読む）や、サイゴンビールではなく、なぜかオーストラリアのフォスターズが出てきた。一口飲んですぐに後悔した。なんだかもうやたらとまずいのだ。アルコール臭だけが強く、苦みもコクもない。本当にフォスターズなのだろうか。

なんとなく悄然《しょうぜん》とした気分になり、テンションが少し落ちた。ここまでの旅が割と順風《じゅんぷう》満帆《まんぱん》に物事が進んできただけに、細かなアラが気になって仕方なかった。極度の寝不足だったし、疲れもたまっているのかもしれない。

東京でいえば六本木？　飲んだくれ外国人の溜まり場と化していた。

振り返ってみると、バンコクのマラソン大会は一つの区切りだった。鼻息荒く日本を飛び出した高揚感というかある種の勢いに乗せられるまま、ぐんぐん南下してきた。スケジュール的にもちょうど真ん中あたりに位置したマラソン大会は、旅の前半部分においての最後を飾るハイライトでもあったのだ。

旅に対する意欲が萎《しぼ》んだわけではないが、ビッグイベントが一段落したことで、きつく結ばれていた緊張の糸が少しだけ解《ほど》けてしまったようだった。

いつもだったらもう一杯ぐらいお代わりするところだが、早々に切り上げて宿に帰った。まだまだ旅は続くのだ。今晩は気持ちを落ち着けるためにも早く寝てしまおう。

席でお釣りを待っていると、日本語の会話が耳を通り抜けていった。いかにもバックパッカーといった感じの日本人の若者たちが、ビールを煽《あお》りながら旅談義に花を咲かせているようだった。旅立ちから日が浅いのか、肌はほとんど日焼けしておらず、皺のないTシャツが初々しいオーラを放っている。

街の変貌ぶりに狼狽し、安酒のまずさに愚痴をこぼす自分と対比すると、彼らは生き生きとして見えた。僕が旅を始めたのは二六歳の時だった。あれから間もなく一〇年になろうとしている。我ながら老けてしまったのだなあと、柄にもなく寂しさが募った。やはり今晩は少々疲れているのかもしれない。

（13）写真を撮るという旅先の過ごし方

朝起きて出かける準備をしていたらハッとした。パスポートが見当たらないのだ。僕は腹に巻くタイプの貴重品入れを使っていて、その外ポケットがパスポートの定位置だった。ところが、ないのだ。どこにもないのだ。

サーッと血の気が引いて一気に目が覚めた。使い終えたらすぐに定位置に戻すように意識的に習慣化していたから、そこに入っていないこと自体、俄には信じがたかった。最後に見たのはいつだったろうか。前日の記憶を手繰《たぐ》り寄せる——。

——あっ。そういえば、チェックインの際に見せたような気がする。それを返してもらっていないような気もする。いやいや、気もするではなく、確かに返却されなかった。そうだ、間違いない。

さらに思い出した。ベトナムのホテルでは、パスポートを預けなければならないのだ。過去に来た時もそうだった。しかし、なぜだろう。

ネットで調べてみると、すぐにその答えが見つかった。公安、つまりはベトナムでいう警察官がホテルを巡回し、外国人宿泊客のＩＤを確認するから、らしい。我々の常識では考えられない理由だが、社会主義の国だからありそうな話ではある。

加えてデポジットの意味合いもあるのだろう。外国でホテルにチェックインする際には、クレジットカードを提示したり、現金をいくらか預けるのが普通だが、昨日このホテルに着いた時にデポジットは請求されなかった。

パスポートを他人に預けるなんて不安だが、ルールであるのなら従うしかない。念のため出がけにフロントに立ち寄った。

「僕のパスポートって預けてましたっけ？」などと訊くのもいかにもマヌケだ。

「パスポートの番号を確認したいので少し見せてもらえますか？」と切り出した。

預けた記憶はあるが、確信はなかった。カマをかけるような訊き方をしたのだ。フロントスタッフの女性が奥の金庫をガチャガチャいじって開けた。中から僕のパスポートが出てきた――良かった。厳重に管理されていることを確認し安堵する。

パスポート番号は暗記している。けれど、建前上いちおう確認するフリはした。あるか否かが分かればそれで良かったのだ。お礼を言って、再びパスポートを預けた。

さて、ホーチミンシティである。バンコクの時のように、こなすべきミッションはとくにない。どこへ行って何をするのも自由だ。逆にどうしても行きたい場所があるわけでもなかった。初めての街ではないし、主要スポットはすでにあらかた見て回っていた。

そもそも、いわゆる「観光スポット」はそれほど多くない街なのだ。観光したいなら、街中ではなく郊外へ出た方が見所にありつける。郊外へ出るにはシンカフェなどでツアーに申し込むのが定石だが、たとえばメコンデルタツアーのようなメジャーなものもすでに経験済みで、ほかに参加したいツアーも見当たらない。

とりあえず目的は決めずに、ぶらぶらしてみることにした。お供はカメラである。散歩しながら気になった光景を手当たり次第にスナップしていくプランだ。今日は撮影日にしようと決めた。

折角なのでカメラについて書いておく。旅に出ると写真を撮りたくなる人は少なくないだろうが、僕もご多分に漏れずたちまちカメラ小僧と化す。日本で普段暮らしている時も常にカメラは携帯しているが、旅に出るとより本領を発揮するのだ。撮って撮って撮りまくる。写真撮影は、僕の旅の最大の目的といっても過言ではない。

持っていくカメラやレンズは、旅の内容に合わせて都度《つど》変えている。少々本格的に撮りたい時には一眼レフを持っていくが、重くて嵩張るので近頃はミラーレス一眼と呼ばれる、小型でレンズ交換が可能なタイプのカメラの出番が増えている。

ＬＣＣの旅では荷物の減量が重要だという話は、ここまでも折に触れて書いてきた。おまけに今回は移動が多い。だから一眼レフではなく、ミラーレス一眼を持ってきている。画質や操作性には妥協し、機動性を重視したのである。

ミラーレス一眼は、初代オリンパスPENを発売日に購入して以来の長い付き合いだが、当初はオートフォーカスが致命的に遅く、突然シャッターチャンスが訪れる旅写真の世界では少々使いにくかった。しかし技術の進歩は著しく、最近の機種では一眼レフに迫るレベルに達しているものも増えてきている。画質も大きく拡大して比較しないと差が分からないほどだし、荷物を減らしたい旅人なら一眼レフよりもミラーレス一眼を選ぶのは、今の時代悪くない選択ではないかと思う。

カメラを首にぶら下げながら最初に訪れたのはタイビン市場だった。デタム通りの安宿街の近くにありながらも、地元向けのローカルな雰囲気なところだ。

到着するなりいきなり入口に肉を売る露店が現れ、僕は激しく興奮した。ちょうど客が注文しているところで、桜色をした豚肉の大きな塊《かたまり》に店主が鉈《なた》を振り下ろしていた。真剣な顔で、注意深く狙いを定め、躊躇いなくザクザク切り刻み、秤《はかり》で重さを量ってビニール袋に詰める。

外国へ行くと、観光地よりもこの手のローカルな市場へ真っ先に足が向く。我が家ではプライオリティが最も高いスポットだ。ライフワークはやがて、奥さんが原稿を書いて一冊の本にまとまった。『世界の市場』というその本で僕は主に写真を担当し、帯のキャッチコピーを考案した。

——世界遺産よりおもしろい！

売り文句のための誇張ではなく、本心からそう思って帯に記載した。

そういえば、数日前マニラでも訪れていた。国によって市場の色彩が変化するのも興味深い。売られているモノのバリエーションの違いは言わずもがなで、さらには売り買いする人々の差異に観察眼を向けると異文化への好奇心はさらに満たされる。

市場の主役は女性たちのようだった。買いに来る者の中には男性もいるが、売り手のほとんどは女性だ。おばちゃんたちはパジャマのような上下に身を包んでいる。テレッとした薄手の生地は見るからに涼しげで、暑い国ならではの知恵が凝縮されているようでもあ

バイクにまたがったままお買い物がベトナム流。横着ではないよ。

った。自分がもし女性だったらぜひ着てみたい。

ベトナムの女性といえば、アオザイも忘れてはいけない。チャイナドレスを発展させたような細身の民族服などという説明はもはや不要だろうか。やはり生地は薄手で、ピタッとして身体のラインが強調されたアオザイ姿の若い女性がセクシーだという意見には僕も賛同する。男性が鼻の下を伸ばしてしまうのも納得である。

ところが、経済が発展し、欧米の文化が流入したせいか、今では実際にアオザイを着ている女性を見かけることも少なくなってしまった。若い子はジーンズにTシャツやワンピース、おばちゃんは前述したパジャマのような服がほとんどだ。地方へ行くとまだ生き残っている可能性はあるが、少なくともホーチミンシティや首都ハノイでは滅多に目にできない。大変残念なのである。

市場を散策した後は、小さな喫茶店で軽い休憩とした。「カフェスダー」と呼ばれる定番のアイスコーヒーを注文し冷をとる。お値段は二万ドンだった。

ベトナムはコーヒー好きにはたまらない国だ。使い古された言葉をあえて借りると「コーヒー天国」とも言い換えられるだろうか。小綺麗なカフェから、路上にプラスチックの椅子を出しただけの粗末な店まで、そこら中で手軽にコーヒーが飲める。日本人がお茶を飲むような感覚で、ベトナム人はグイ飲みしている日常がある。人々の生活に密着した飲み物なのだ。

この点、同じ東南アジアでもタイあたりと比べて明らかに文化の違いを感じさせる。小煩《こうるさ》い作法こそないものの、淹れ方には独自のこだわりがある。ドリップにはステンレス製のフィルターを使う。孔《あな》が小さく目詰まりしやすいが、黒々とした濃厚なコーヒーが抽出されるのが特徴だ。そのままだとかなり苦いので、コンデンスミルクを加え攪拌《かくはん》。すると、ちょうど良い味わいとなる。日本人の常識からすると甘すぎるという意見も聞くが、南国の気候の中で飲むには甘味がないとむしろ美味しくない。

いわゆるブレンドコーヒーやアメリカンなどとは別物だ。「ベトナムコーヒー」という一つの飲み物のジャンルであり、カルチャーなのである。

さらに言うと、フランスの植民地支配を受けた歴史の産物でもあった。コーヒーだけではなく、ベトナムは街並みそのものもどこか西洋的な薫《かお》りが漂い、瀟洒《しょうしゃ》な印象を受ける。ベトナム雑貨のアジア離れしたセンスの良さにも、フランスの影がちらつく。

そのせいか、この国は男性よりも女性に人気があるようだ。統計データを確認したわけではないが、ホーチミンシティを歩き回ると、実感としてストンと腑に落ちる。

日本人旅行者は女性だらけなのだ。この日も、代官山あたりにいそうなお洒落な女子と何度もすれ違った。彼女たちのお目当ては洋服や雑貨である。バッタのようなバイクの大群が暴走行為を繰り返す街並みを、紙袋をぶら提げた女子が闊歩しているギャップの激しさに僕は狼狽してしまうのだった。

昼食をとりに有名なサンドイッチ屋へ行った時にも、ガイドブックを手にしたお洒落女子が先客として並んでいた。あまり綺麗な店ではないのに、気にする風でもない。英語が得意ではないのか、日本語混じりで注文していたが通じているようだった。度胸があるというか、行動力があるというか。

ここ数年、旅先で殊更強く感じるようになったのが、日本人旅行者は女性の方が圧倒的に元気だという現実だ。女子会の延長のようなノリの子たちだけでなく、辺境の地へ一人旅でやってきている力強い女性にも何度も出会った。業界の話もすると、ガイドブックなんかもモロに女性をターゲットにしたものばかりが幅を利かせるようになってきている。男としては寂しい限りである。

気を取り直してサンドイッチを頬張った。「バインミー」というバゲットで挟んだサンドイッチも、やはりフランスの影響を受けたものだ。アジアでサンドイッチなどというと少々気取った感じがするが、庶民に人気のベトナム流ファーストフードと捉《とら》えると分かりやすい。ベトナムのバゲットはフランスで食べるそれと違って外側がカリカリながらも柔らかで、食感はサクッと軽い。チーズやハム、パテ状のレバーペーストなどを挟み、ヌクマムで味付けして食べる。パクチーや唐辛子が入っている所がいかにもアジア的な発想で僕好みだ。

ベトナム料理は何を食べても外れが少ないのだけれど、中でも個人的にナンバーワンは何かというとバインミーなのである。日本食で一番好きなのはおにぎりと言うみたいで、邪道というか、味音痴ぶりを露呈してしまうのだが、これは譲れない。日本人女子を横目に、僕は一人ニヤつきつつバクバク食べたのだった。

少しは観光のようなこともしておこうと、ベンタイン市場へ向かった。先に訪れたタイビン市場とは違って、外国人客をモロにターゲットにした観光市場だ。街の中心部の分かりやすい場所にあるため、なんだかんだいってホーチミンシティへ来る度に僕は毎回やってきている気がする。

同じ観光スポットでも、遺跡や寺院などと違って、繰り返し訪れても変化が楽しめるのが市場のいいところだ。お土産物のラインナップに新顔が加わっていたりするか

往来が激しくとも気にせず胃袋を満たす。
ベンタイン市場にて。

ら、前回の記憶と比較しながらそぞろ歩くのも案外興味深い。

予想通り、ベンタイン市場も日本人女子率が高い。ほかには、マレーシア人がやけに多いのも気になった。ヒジャーブという、マレー系イスラム女性が被《かぶ》る頭巾を身につけている者が沢山いて、マレーシアに迷い込んだような錯覚がした。

ＬＣＣが東南アジアの空を席巻するようになり、その恩恵を最も受けたのはマレーシア人だと聞く。言うまでもなく、立役者となったのは同国ナンバーワンのＬＣＣエアアジアだ。クアラルンプールを起点に、マレーシア国内に路線を張り巡らせ、周辺各国へも多数の便を飛ばしている。長距離バス並みの低価格に後押しされ、これまで一度も飛行機に乗ったことがなかった人たちへ門戸が開かれた。当然、ここホーチミンシティへの便も出ている。ＬＣＣでふらりとベトナム旅行へやってきたマレーシア人たちなのかもしれない。

日本人、マレーシア人を問わず、女性客に殊更人気があるのがアオザイを売る店のようだった。店頭に飾られた、華やかな装飾に彩られた色とりどりの布に、女性たちが群がっている。お気に入りの布を見つけたのか、身体の寸法を測っている子と目が合った。以前に夫婦でここへ来た時には、奥さんも同じように採寸したのを思い出した。いちおう既製品もあるが、アオザイはオーダーメイドで作るのが一般的なのだ。

「友だちの結婚パーティとかで着ても良さそうだし……」

とかなんとか理由付けして購入し、船便で日本の自宅まで送ったのだった。物価の安いベトナムとはいえ、アオザイはさすがにそこそこ値が張る。節約旅行をしていた当時の僕たちにとってはちょっとした奮発であったが、目を輝かせながら布を選んでいる彼女に異を唱える気にはなれなかった。

女性たちが真剣に品定めをしている隙間を縫ってカメラを向けたら、「撮影代、一〇ドルね」と若い店員さんがおどけて見せる。僕が肩を竦めると、「あなたも作っていけば」と売り込みモードに変わる。男性用のアオザイもあるのは知っているけれど、もう色気づく歳でもない。逃げるようにその場を離れた。

男心がくすぐられたのは、別のものだった。カメラの三脚である。いつもなら旅先に必ず持参するのだが、LCCの重量制限を鑑み今回は三脚を置いてきていた。

ベンタイン市場からドンコイ通りへ向かって歩く途中に国営の百貨店がある。国営の百貨店なんて、いかにも社会主義国といった感じだが、中は普通のデパートとさほど変わりはない。そういえば、以前にキューバへ行った際にも国営百貨店があった。ショーケースにはほとんど商品がなくて唖然《あぜん》とさせられたのだが、ゆるやかな資本主義へ舵を切り急激な経済成長を遂げつつあるベトナムは、キューバとは状況が異なる。国営デパートには高級ブランド品も並び、同じ社会主義国とは思えないほどに物質的な豊かさを享受している。

その国営百貨店の一階にカメラ屋が何軒か集まっていた。僕が使っているのよりもずっと高価な一眼レフや、最新のデジカメがずらり並ぶ中に、三脚が売られているのが目に留まった。値段を訊くと、ベンロというメーカーの一番安いもので一〇五万ドンだという。約四〇〇〇円は日本で買うよりも安い。

迷ったけれど、結局買わなかった。代わりというわけではないが、別の店でカメラバッグを購入した。クランプラーというオーストラリアのストリート系ブランドのものだ。個人的にとくにお気に入りのブランドだった。最近は銀座にも直営店がオープンし、日本でも知名度が上がってきたクランプラーだが、カメラバッグとしては結構いい値段がする。あまり知られていないが、実はクランプラーはベトナムの工場で生産していて、そのせいでベトナムだと驚くほど安く手に入るのだ。

ものにもよるが、ざっと日本の五分の一ぐらいの値段である。以前にハノイへ行った時にも買って帰ってきた。あまりにも安いので最初はパチものかと疑ったが、間違いなく正規品なのである。クランプラーファンなら、ベトナムは狙い目だ。

それにしても、ゆるやかな一日だった。トラブルに巻き込まれるのは御免被りたいが、かといって何も事件が起きないのも少々退屈ではあった。

在ベトナム日本大使館のサイトには、トラブル事例が多数載っていて、ボッタクリなどに対策するためのシートがＰＤＦでダウンロードできるようになっている。東南アジアの中では、気を引き締めないと痛い目に遭う可能性が比較的高い国らしい。実際にひったくりの被害に遭った友だちも知っている。

けれど、目の前に広がる光景は平和そのものだった。緊張感のないままに、ぶらぶら歩き回った。朝起きた時に決めた方針通り、写真はかなりの枚数を撮った。それなりに達成感を得られたから良しとしようか。

歩いて歩いてサイゴン大教会の前までやってきた。ホーチミンシティ最大の教会だ。斜め前にオープンエアの気持ちのいいカフェがあったので人心地つくことにする。隣のテーブルでは日本人の女子二人組が、ガイドブックを広げながら作戦会議をしているようだった。夕食の相談でもしているのだろうか。コーヒーを啜りながら日記を書いていたら、やがて日が傾いてきた。赤茶色の教会の外壁を夕陽が照らす。

雰囲気的に何かのキャンペーンかな？　ついカメラを向けてしまう。

「黄昏時にたそがれる」

そんなキャプションと共に、目の前の教会をiPhoneのカメラで写真に撮ってインスタグラム（写真専門の人気SNS）へアップロードした。通信環境の発達により、海外にいても即時情報を共有できるようになった。一人旅の寂しさを紛らわすにはうってつけだ。

日が暮れるにつれ、道路を走るバイクの数がさらに増えてきた。ベトナムならではの異国情緒溢れる通勤ラッシュの光景にしばし見惚れた後、カメラを取り出す。バイクにまたがり信号待ちをしていた女性とファインダー越しに目が合った。女性がニコッと笑った瞬間を逃さずシャッターを押したが、残念ながら写真はブレてしまった。

(14) LCCの弱点、意外な盲点

ホテルは朝食付きだったが、パスして近所の食堂まで食べに出かけた。向かったのはフォーの店である。ベトナムを代表する米粉の麺料理は、この国を出る前に食べておきたいものだった。

アジアの食を語るうえで外せないのが各種の麺料理だろう。味や種類こそ違《たが》えど、どこへ行ってもまず間違いなく食べられるのが麺だ。苦労して探さなくても簡単に見つかるし、庶

民の味だから値段も安い。加えて言葉の通じない旅行者にとって、気軽に注文できるのが魅力でもあった。

ご多分に漏れず僕も麺は大好物で、アジアを旅する際には積極的に麺の店を目指す。たとえば香港の雲呑麺《ワンタンメン》や中国の牛肉麺。タイでもセンレックナームを食べたことは前述した。日本にだってそばやうどんやラーメンがある。

バラエティ豊富なアジアの麺の中でも、フォーは個人的に大本命といえた。平打ちのきしめんのような麺は艶やかで、絹のような食感でするする口に入る。スープはそのままだとアッサリで、食卓の上の調味料を使って客が自分好みに味付けする。

そしてこれが重要なのだが、お皿に溢れんばかりに盛られた香草類が出てくる。パクチーやバジルやもやしなどなど。これらをわしゃわしゃかけてライムを搾り、わしゃわしゃ食べるとアドレナリンが止まらなくなる。あまりの旨《うま》さに逆上し、替え玉してさらにわしゃわしゃしたくなるほどであるが、あいにく替え玉はできない。

補足すると、辛いもの好きとしては、唐辛子の粉末をやや多めに振りかけると至高の一品が出来上がる。かけすぎると辛くて汗が止まらなくなるが、それもまた一興だ。いずれにしろ、カスタマイズ性の高さこそがフォーを殊更なものにしていると思う。

洗濯物を取りに行くと、ちょうど店主がシャッターを上げているところだった。グッドモーニング、挨拶の言葉をかけると店主は照れ笑いを浮かべた。口数は少ないが、朴訥《ぼくとつ》な雰囲気のいかにも生真面目そうなおじさんだった。軒先で猫が大きな欠伸をしているのを写真に収めている間に、僕の洗濯物を店の奥から持ってきてくれた。きれいに折り畳まれ、ビニールでパッキングされていた。

コンビニに立ち寄ったら、ワインが売られていて気になった。ダラットワインというベトナム産のワインだ。高級なものではないが、ご当地ものであるし、実はワインには目がないのだ。ダラットワインのことは以前に雑誌で紹介されているのを読んで知っていて、いずれ飲んでみたいと憧れていた。バリでは夫婦でリゾートするつもりだから、デッキチェアに寝そべりながらグラスを傾けるなんてのも悪くなさそうに思えた。荷物になるのでしばし迷ったが、レジへ持っていった。

昨日と同じ喫茶店に入り、ベトナム流アイスコーヒー、カフェスダーを二日連続で注文した。朝はコーヒーと決めている。お店のおばちゃんは僕のことを覚えてくれていて、あらまた来たのね、といった感じで目を細めた。相変わらず甘ったるいが、氷で冷やされシャキッとしたコーヒーが身体に染み渡り、細胞が活性化してくるのが分かった。隣の席では、通勤前のおじさんが新聞を読み耽っていた。二万ドンを支払い、洗濯物とダラットワインを抱えホテルに戻った。

チェックアウトしたら、「タクシー？」と訊かれたのでお願いする。できればマイリンタクシーがいいとベルボーイに言うと、まかせておけと力強く頷き、ワインのせいで重みが増した僕のカバンを抱え外へ促した。通りへ出ると、示し合わせたかのようにマイリンタクシー社の車が停まっていた。なんだか魔法のようである。

「メーターで行きますか？」

念のため確認すると、運転手は無言で首を軽く縦に振り、ハンドルを握りアクセルを踏んだ。ロータリーへ差し掛かると、三六〇度全方向からバイクがやってきて、図体の大きな自動車は通り抜けるのに少し時間がかかった。暴走バイクもこれで見納めか。

呆気ないほどに、何事もなく空港へ到着してしまった。タクシー代はメーター通りで、一六万ドンだった。去年インドへ行った時には、帰りのタクシーでメーターの倍額を請求され、揉めに揉めたのを思い出す。何もない方が良いのではあるが、こうもイージーに物事が運ぶといささか拍子抜けする。天《あま》の邪鬼《じゃく》な旅人なのであった。

さて、チェックインである。今日も乗るのはLCCだ。カウンターは空いていたが、前に並んでいた家族連れがなぜか一人ずつチェックインしていて待たされた。僕の番になり、パスポートを提示すると、帰りのチケットについて訊かれた。フィリピンやタイでは問題なかったが、関空、台湾でも同じ突っ込みを受けた。片道航空券だとやはり注意が必要のようだ。

次の目的地は——シンガポールである。五ヶ国目、か。

ライオンエアというインドネシアのLCCだった。ベトナムからシンガポールへ飛ぶ便なのにインドネシアのLCCというのも不思議な話だが、調べた時にぶっちぎりの安さだったのでライオンエアに決めたのだった。

なんと九ドルである。画面をクリックしていて目を疑った。そんなに安いのか。税金などの諸費用が加算されるが、今回の旅ではダントツで最安の路線だった。

ほとんど並ばずに荷物検査を抜け、制限エリアへ入るともうすることがなくなってしまった。ホーチミンシティの空港は綺麗だが規模は小さく、免税店のバリエーションも少ない。ただ冷やかしつつ端から端まで歩いてみたが、一〇分ぐらいで一通り見尽くしてしまった。ただしトイレへ行く途中でおもしろい光景に出くわした。

通路の隅っこに段ボールが敷かれていた。はて、なんだろうか？　と思って覗き見て——絶句した。制服を着た従業員の女の子たちが、ゴロンと横になっていたのだ。二〇代ぐらいの妙齢の女性たちである。仮にも国際空港である。ホームレスのような格好で公衆の面前でこうも堂々と寝入るなんて……。さらに別の場所では、同じ制服を着た女性たちが、お弁当を広げて談笑していた。

旅をしていると、自分の常識では計りきれない価値観にしばしば出合う。凝り固まった既成概念はこうして脆《もろ》くも崩れ去っていく。

異文化を体験的に知ることは何よりも刺激的だ。

出発までだいぶ時間があった。暇なのでお茶でもすることにした。レストランフロアへ行くと、バーガーキングが見つかった。お腹は減っていないので、飲み物だけ買って、窓際の席に陣取った。建物の最上階で、窓からの展望はすこぶる良い。滑走路を離着陸する飛行機の勇姿を眺めるのは、悪くない時間の過ごし方だった。

ベトナム航空の青い機体が多いが、ほかはジェットスター航空やタイガーエアウェイズなどLCCばかりで目を瞠った。なにせ九ドルとか、そういうレベルで乗れてしまうのだ。長距離路線はともかく、近距離であればLCCへ人が流れるのは自明の理なのだろう。LCC元年などと喧伝され、ようやく舟を漕ぎだしたばかりの我が日本だが、まだまだLCCは日陰の存在だ。目

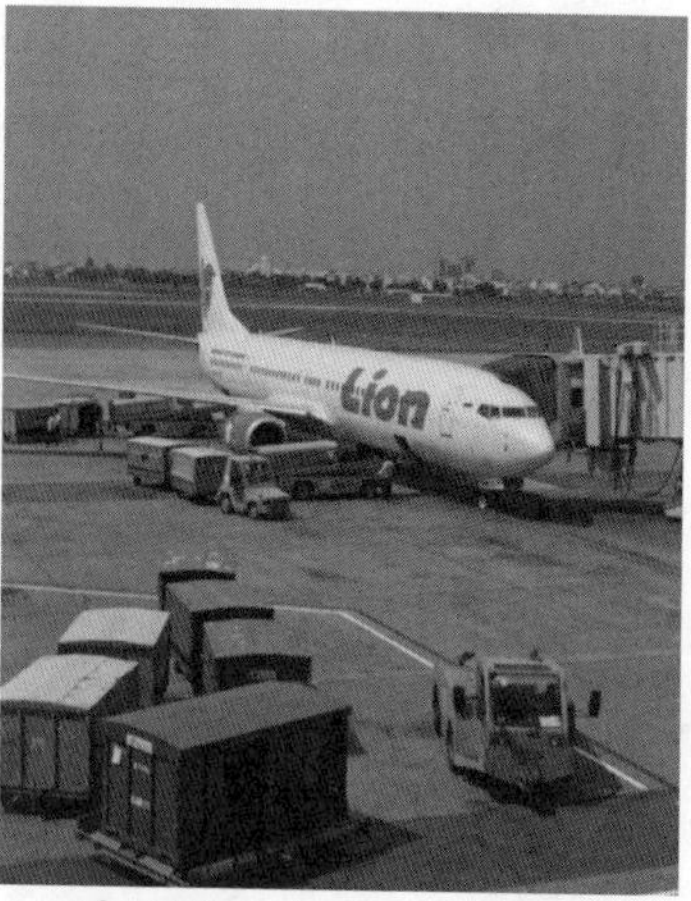

シンプルデザインながら、ロゴのポップさが目を引くライオンエア。

の前の光景のように、LCCが大きな顔をして空港で存在感を放つ日は訪れるのだろうか。

そんなことを考えている時だった。

「ミスター、ヨチダ、トモカズウ……」

聞き慣れた名前がアナウンス放送で流れてハッとした。えっ、自分？ 空港のような場所で突然呼ばれるとドキリとする。何か問題でも生じたのだろうか。ハラハラしながら搭乗口へ向かったら、なんてことはなかった。

「家族連れのお客様がいらっしゃいまして、座席を変更して欲しいのですが」

焦って損したのである。了承してそのまま近くのソファに腰を落ち着けた。窓の外の駐機場を見ると、乗るべきライオンエアの機体はまだ来てもいないようだった。駐機時間を極限まで短縮化してコストを抑えるのは、LCCの常套手段である。

しばらくするとまたアナウンスが流れ、到着が遅れているので、出発も遅れると告知された。しかも四〇分ものディレイ。サラッと言っているが、四〇分はずいぶん盛大なロスである。

ついに来たかという心境だった。低価格の半面、遅延や欠航が多いのがLCCの難点なのだ。少ない機体でやりくりしているから、欠航になってもすぐに振り替えるというわけにもいかない。仕事の出張などでスケジュールが詰まっていたり、乗り継ぎ時間がタイトなケースではやはり、LCCではない既存の航空会社の方にまだ利点がある。

　ようやく到着したライオンエアの機体はボーイング737だった。ようやくエアバス以外の機体に乗れると喜び勇んだ。ただやはりというか、座席は例によってかなり狭い。まあ九ドルと思えば文句を垂れるわけにもいかないのだが。

　機長アナウンスを聞いて、シンガポール経由でジャカルタまで行く便だと知った。インドネシアのLCCなのになぜ？　と疑問だったのが解決した。

　機内販売はかなりしょぼかった。飲み物とお菓子しか用意がないらしい。そのくせ、飲食物の持ち込みは禁止だという。チケット代を低く抑える代わりに、機内販売などで細々

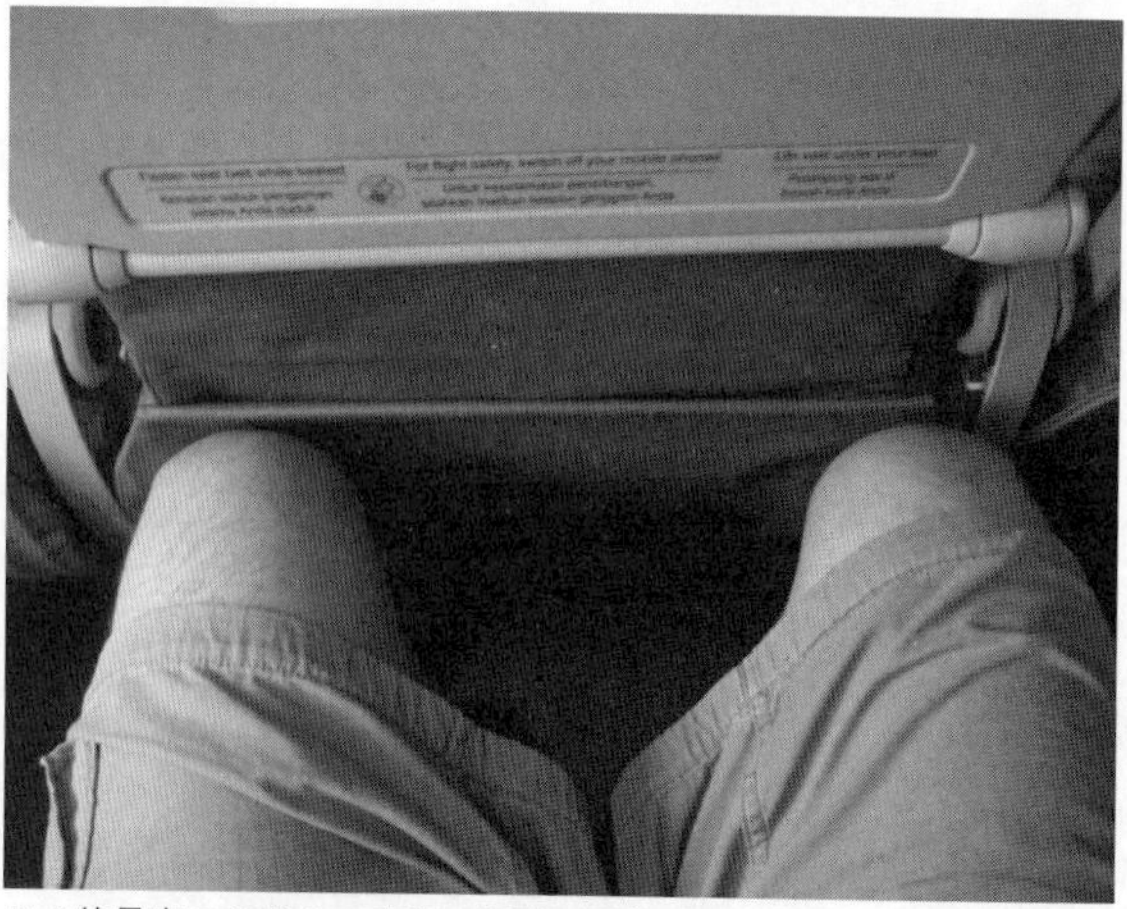

この旅最安の９ドルの座席。無駄に図体がデカイとこういう時困る。

と稼ぐのがＬＣＣのビジネスモデルなのだった。

日本の空へのＬＣＣ就航が決まったことで、空弁を販売する業者が色めき立っていると何かのニュースで見た。機内食がないから、空弁を買ってくれると期待しているのだろうが、ＬＣＣは飲食物の持ち込みを禁止していることも多いのだ。こういう細かい点には、乗ってみないと気がつきにくい。

一方でライオンエアの客室乗務員は若くて美人な女性ばかりだった。インドネシア人なのだろうか。色黒で彫りの深い、アジアンビューティといった感じのモデルみたいな女性しかいない。ＬＣＣを色々乗ってみて感じたのだが、どうも容姿端麗な客室乗務員が多い気がする。会社自体が若いせいもあるのだろうが、そういう子たちばかりを採用している可能性も考えられた。

二時間弱のフライトだった。シートベルト着用ランプが点灯すると同時に、着陸態勢に入ったので席について電子機器の電源を切るようにとアナウンスが流れた。インドネシア訛《なま》りなのか、とても分かりにくい英語だった。

第四章　シンガポール〜バリ

(15) ハイ&ローな旅づくり

東南アジア各国の中でも、近年観光客の人気が赤丸急上昇中なのがシンガポールだ。クリーンな都市国家を標榜《ひょうぼう》し、徹底的に合理化が図られた街に多民族が暮らす。暑い国ながら丁寧に手入れされた豊かな緑が見る者の不快さを軽減し、治安も日本並みか、下手したら日本以上にいい。見所や遊び所、食事場所、買い物スポットなどがコンパクトにまとまっていて、英語もほぼ完璧に通じるため、快適な滞在が約束される。

元々のポテンシャルが高かったことに加え、急激に開発が進み、新しいランドマークが続々生まれたことで、いよいよ大本命の渡航先として認知され始めた感がある。日本からの渡航者数はうなぎ登りで、二〇一一年度には日本からの渡航者数の前年比伸び率が世界一になったというデータも出ている。

まるでハワイへ行くような感覚で、手軽に都市型のリゾート気分が味わえるのは、アジアの中でもシンガポールが唯一ではないかと思う。ハワイへ行くよりも近いし、フライトの選択肢も多く、週末やちょっとした連休に訪れることも難しくない。あまり海外旅行慣れしていない人であれば、間違いのない渡航先としてオススメできる。

一方で、バックパッカー的な旅をしている者にとっては、タイやベトナムあたりと比べると、少々足を向けにくい国であるのも事実だろう。

「シンガポールかあ。悪くはないんだけど、刺激が少ないんだよなあ」

などという声も僕の周りではよく聞く。何らトラブルもなく、物事が予定調和に進む旅だと物足りないという意見には、全面的に賛同はしないものの、一理あるのも確かだ。身勝手な話ではあるが、快適すぎるのは逆に不満なのだ。

また、シンガポールはアジアの中でも物価が高めなのも、バックパッカーを遠ざける大きな要因であろう。とくにネックとなるのが泊まる場所だ。残念ながら数百円で泊まれるような宿はほとんど存在しないといっていい。ユースホステルなどの安宿もなくはないが、選択肢は限られているし、隣国に比べると相場はグッと上がる。

中級ホテルですら、コストパフォーマンスは高いとはいえない状況だ。同じ値段を出せばタイやベトナムなら遥かにクオリティの高い部屋に泊まれる。僕はアジアであれば一泊五〇〇〇円以内を目処《めど》に宿を選ぶが、シンガポールで五〇〇〇円で泊まれる宿となると場末の場末になってしまう。それなりのレベルを求めるのであれば最低でも一泊一万円は見ておきたいし、一万数千円ぐらいまで出してようやくタイの五〇〇〇円の部屋と同程度になるのが実感だ。

今回はＬＣＣの旅である。しかもたった九ドルの航空券でホーチミンシティから飛んできた。そういう物価感覚で臨むと、あらゆるものが高く感じられてしまうのがシンガポールという国だった。

だからホテル選びには頭を悩ませた。シンガポールには二泊する予定だ。仮に一泊一万五〇〇〇円とすると、二泊で三万円。ユースホステルなどへ投宿しても良いのだけれど、そうまでして滞在するぐらいならむしろ行かない方がいい気もした。

頭を切り換える必要がある。物価の高い国では、物価の高い国なりの旅の仕方がある。それなりにお金を使わないと楽しめない国では、割り切ってレベルを上げた方が結果的に満足度がずっと高くなることを過去の旅で痛いほど学習した。

シンガポール二泊の宿代の予算を三万円と決めた。最初、一万五〇〇〇円程度の宿をネットで探したのだが、いまいちしっくりこなかった。実は気になっているホテルがあった。シンガポールといえば真っ先に思い浮かぶあの話題のスポット――。

――そう、マリーナベイサンズだ。

旅好きなら耳にしたことぐらいはあるだろうか。鳴り物入りで登場した、最新の五つ星ホテルだ。ラスベガスのサンズ系列で、シンガポール初のカジノも併設しているが、そんなことより何より、外見の奇抜さが群を抜いている。三棟の高層ビルの頂上部分にパカッとお盆を載せたような不可思議な建築物。三つのビルを繋ぐその頂上部分はプロムナードになっており、なんとプールが用意されている。世界最高所に位置するプールであり、泳ぎながら下界を見下ろせる絶景は、そういえば日本でも少し前に某携帯電話会社のテレビCMでも使われていた。

この手のトレンドスポットには目がない人間なのである。ミーハーだと言われたら、ズバリその通りだと思う。頂上には展望台があって誰でも見物できるが、天空のプールへは宿泊客以外は入れないらしい。ならば泊まってみようか。カジノも捨てがたい。そんな欲望が頭をもたげていた。とはいえ、僕には高嶺《たかね》の花だろうなあ、と端から諦めてもいた。ホテルごときに何万円も出すのは柄ではない。

ところが、冷やかし半分で調べてみたら驚いた。高いことは高いが、目玉が飛び出るほどでもないのだ。プロモーションで通常よりも安価な設定になっていた。おまけにたまっている予約サイトのポイントを使えば、一泊二万円強で泊まれそうだった。少し無理すれば手が届く範囲である。

さらに悩みに悩んだすえ、僕は一計を案じた。二泊のうち最初の一泊だけ予約を入れ、もう一泊は場末の格安宿で我慢する。これならトータルで予算の三万円以内に収まる。一万五〇〇〇円のホテルに二泊するのと変わらないのだ。

そのうえでもう一つ、ひそかに策を練った。

カジノで一勝負する。もし勝てたら——もう一泊する。

我ながらずいぶんと調子のいいことを考えたものである。勝てる保証なんてどこにもない。根拠も何もないのに、この考えにすっかり気を良くして、僕はマリーナベイサンズに予約を入れたのだった。この旅最安の九ドルのＬＣＣで訪れ、この旅最高級のホテルに泊まることになった。

旅をするうえで個人的に常に意識していることに、「ハイ＆ロー」という考え方がある。要は予算レベルに縛られずに、時と場合によって臨機応変に対応したいということで、その意味ではシンガポールの滞在はモロにハイ＆ローなものになりそうだった。


シンガポールのチャンギ国際空港は、世界一の空港との呼び声も高い。ショップやレストランなど設備の充実ぶりは言わずもがなで、巨大空港ながら導線が分かりやすく迷うことがない。東南アジアのハブ空港として確固たる地位を築き上げているのも納得だ。

チャンギ空港には、三つのターミナルビルに加え、ＬＣＣ専用のバジェットターミナルなるものがあると聞いていた。初めてのバジェットターミナルを楽しみにもしていた。

しかしライオンエアが到着したのはＴ１、ターミナル１だった。拍子抜けしてしまったのだが、ライオンエア以外にも数多くのＬＣＣが駐機場に停まっている。どういうことだろうと訝しんだが、後日その訳を知った。バジェットターミナルは閉鎖し、ＬＣＣ用に新たなターミナルを建設するのだそうだ。ＬＣＣの急成長に空港が追いつかず手狭になってしまったのだろうか。閉鎖されるのは二〇一二年秋とのことだが、ＬＣＣの一部はとりあえずＴ１での運航へと変更されているのかもしれない。

入国審査はアッサリとしたものだった。係官どうしでべちゃくちゃ喋りながら、片手間で仕事をしているという感じで、緊張感の欠片《かけら》もない。ブースに置いてあったキャンディーを一つもらって口の中に入れている間に、ほとんど中身をチェックせずにパスポートへポンッとスタンプを押してくれた。

到着ロビーに出てすぐ脇に並ぶ両替所に並んだ。といっても両替するわけではない。ｉＰｈｏｎｅ用のＳＩＭカードを購入するのだ。チャンギ空港では、なんと両替所でプリペイドＳＩＭカードが売られている。目的地に到着して最初にすることが両替だとしたら、二番目はＳＩＭの入手である。現代の海外旅行の新セオリーといえるだろうか。その点、世界一の空港は進んでいるというか、よく分かっているといえる。

シングテルというキャリアのＳＩＭが、三日間ネットにつなぎ放題で一五シンガポールドルだった。言われるままｉＰｈｏｎｅを差し出すと、頼んでもいないのに両替所のスタッフが設定まで全部済ませてくれた。両替所のスタッフとは思えない、やけに慣れた手つきでタッチパネルの液晶画面を操作しているのが印象的だった。

空港から市内までは地下鉄が出ている。シンガポールはタクシーもそれほど高額ではない。けれど、今回はマリーナベイサンズ泊である。専用のシャトルバスがあるという情報を摑んでいた。両替所のスタッフに尋ねてみると、ホテルのカウンターがある場所を教えてくれた。

すぐに見つかった。眼鏡をかけた若い男が一人で店番している。

「ホテルまでのトランスポーテーションがあると聞いたのですが」

そう切り出すと、男は探るような目で僕を見返し言った。

「どちらのホテルですか？」

どちらって……。ホテル名が書かれたカウンターで訊いているのだから、わざわざ確認するまでもないと思うのだが。もしかしたら、五つ星ホテルに泊まるような客ではないと思われたのだろうか。別に小汚い格好はしていないつもりだが、ジーンズにTシャツだし、お金を持ってそうな旅行者には見えないことは否定しないが。

「マリーナベイサンズです」

だからここで訊いてるんですよ、という言葉が続けて出かかったが、呑み込んだ。

「ご予約されているのでしょうか？　バウチャーはありますか？」

まだ疑いは晴れていないようだ。僕はしぶしぶカバンから印刷してあったバウチャーを取り出し提示した。一瞥して、男はようやくバス乗り場を教えてくれた。うーん、なんというか、妙に感じが悪いのだ。

建物の外へ出て、指定された場所で待っていると、すぐにバスがやってきた。運転手が降りてきて、バスの下の荷物入れにカバンを収納してくれる。僕の顔を見て、運転手は「日本人ですか？」と訊いた。「そうですよ」と答えたら、無言で頷き早く乗るように促した。

日本人であると確かめられた理由は、走り始めてすぐに判明した。車内のモニターに映像が映し出された。ホテルの紹介ＶＴＲのようで、音声が日本語だったのだ。ちなみにハングル文字の字幕付きだった。こんなに素晴らしいホテルなんですよ、と言わんばかりの自賛映像に続き、チェックイン方法の説明が流れた。部屋のグレードごとにチェックイン場所が異なるのだという。なるほど、大型ホテルだけのことはある。

バウチャーを確認すると、「デラックスルーム」と書いてあった。なんてことはない、デラックスルームとは一番安い部屋なのであった。

二〇分ほどで到着し、バスは地下の駐車場へ入った。ＶＴＲでは、ベルボーイが荷物を受け取り、部屋までお持ちしますと言っていたが、誰もいない。仕方ないので、そのまま荷物を自分でガラガラ転がし、フロントを目指した。

エスカレーターを上がると、大きな吹き抜けのフロアに出た。人がたくさん行き交っている。まるで通勤ラッシュ時の新宿駅のようで、真っ直ぐに歩くだけでも大変だ。白人のおじさんが巨大なトランクを三つも持って現れ、ホテルのスタッフに運んで欲しいと頼んでいる横を通り過ぎた。なんだか妙に混乱している。

チェックイン自体は非常にスムーズだった。デポジットのクレジットカードを出すだけで、サクッと鍵が差し出された。ウェルカムドリンクなのか、ペットボトルの水を渡されたが、欲をいえばトロピカルジュースなどもっと気の利いた飲み物だとさらに嬉しい。

やはりベルボーイは現れず、結局部屋まで独力で向かった。普通の五つ星ホテルだったらまずあり得ない応対だ。まあでも荷物はそれほど多くないし、仰々《ぎょうぎょう》しく対応されるよりは気楽でいい。

ただ、どのエレベーターに乗れば良いのか最初分からなかった。部屋番号は「611」と書いてあるのだが、六〇階へ行けそうなエレベーターがないのだ。いったんフロントに戻って訊いてみると、疑問はすぐに解決した。六〇階ではなく六階だったのだ。僕は顔が赤くなった。恥ずかしかったし、ちょっぴりがっかりした。

部屋はさすがは五つ星という感じで、広々としていた。できてまだ間もないということで、とにかくあらゆるところがピカピカだし、カーテンがスイッチ一つで開閉するなど、ハイテクなのも素直に感心させられた。

難点としては、眺望がイマイチだった。低層階なのは仕方ないとしても、マリーナとは反対側に面していて、窓の外には工事現場が広がっていたのには落胆した。自分的には大奮発したつもりでいたが、ホテルからすれば最も安いお客なのだろう。正直なところ、しまったと後悔の念に苛《さいな》まれた。どうせ泊まるなら、もう少し金額を上乗せしてでもマリーナ側に部屋を取った方が良かったかもしれない。

気を取り直して向かったのは、ホテルから直結しているショッピングアーケードだった。この中にあるというフードコートを目指したのだが、食事そっちのけで買い物に勤《いそ》しんでしまった。普段なら花より団子なのだが、煌びやかな空間に我を忘れてしまったのだ。

「I LOVE SG」と書かれたベタなTシャツを買った。カナヅチのくせに異様に派手な緑色をした水着を買った。サンダルとサンダルを入れるケースも買った。その種のリゾートアイテムを一切持ってきていなかった。バリに備えて万全の態勢を整えるのだ！と何かのストレスを発散するかのようにクレジットカードを切りまくった。たまに高級ホテルに泊まると、気が大きくなるというか、血迷って散財してしまう愚かな小市民なのであった。

来る度に感じるのだが、シンガポールへ来ると買い物意欲がむくむく湧いてくる。

なぜなのだろうか――少し考えてみた。

別に特別値段が安いわけではない。ものによっては日本で買うよりもお得だったりはするけれど、帰国後に請求書を見て青くなるのも毎度のことだった。一つに買いやすい雰囲気というのがあるだろうか。あちこちにデパートやショッピングセンターが散在していて、街を歩いている人たちもおしなべて買ったばかりの紙袋を手にしている。街全体が買い物を唆している、などといったら言葉が悪いが、何か買わないと損なのではないかと脅迫されるような感覚を少なくとも僕は覚えるのだ。

とはいえ、夕食の方も容赦はしなかった。ホテル隣接のショッピングアーケードだからなのか、フードコートにしては立派な店ばかり入っていて、何を食べようか目が回った。

食べるのに夢中な人たち。フードコートとしては割と豪華な雰囲気。

とりあえず飲み物コーナーでタイガービールの缶を購入し、チキンライスの店に並んだ。シンガポールに限らず、フードコートでは先に飲み物を買うのが自分の中では鉄則になっている。先に食べ物から買うと、飲み物を買う間に冷めてしまうからだ。アツアツでないと嫌なのだ。グルメでもないくせに、こういう部分で我が儘《わ　まま》にもこだわりがあるのだった。

チキンライスは小ぶりで量的に物足りなかったため、ホッケンミー（焼きそばのようなもの）も追加で頼んで、一人でばくばく食べた。花も団子も、なのである。フードコートの目の前にアイススケートのリンクがあったのだが、滑っている人は皆無だった。みんな食べるのに忙しくて、それどころではないのだ。

アーケードからドアをくぐると、マリーナへ出る。ここはシンガポールでもいま最もホットなトレンディスポットである。都会の夜景は、カップルが愛を語らうにはおあつらえむきのロマンティックな輝きに満ちていた。対岸にはドリアンのようなぎざぎざの丸天井が特徴のエスプラネードや、世界最大の観覧車シンガポールフライヤーがライトアップされている。マーライオンも相変わらず口からどばどば水を吹き出していて、遠目からだとその小ささがさらに際立って見えた。

はち切れそうなお腹を揺すりつつ、手すりにカメラを固定して写真を撮っていた時だった。突如大音量で音楽が流れ、続いてどよめきが起こった。なんだなんだと、人が集まっている場所へ行ってみる。

水面から噴水のように水が湧きあがり、左へ右へくねくねしていた。赤や青や緑など色を変えながら水が乱舞している。やがて水しぶきの中に映像が投影された。ハッと後ろを振り返ると、マリーナベイサンズの三つのビルの上にお盆が載った異様な建物が、噴水の動きに呼応するように七色の光線を放っていた。

ショータイムのようだった。なんていうグッドタイミング。人為的に演出されたものとはいえ、この種の趣向は素直に楽しんだ者勝ちだ。ロケーションの素晴らしさが拍車をかけた。

見上げ続けていたら首が痛くなったが、今度はその頂上へ行ってみることにした。買い物袋をいったん置きに部屋に戻り、エレベーターで上がった。すぐに部屋に帰れるのは気楽だ。プールの入口にはゲートがあって、カードキーをチェックされた。これなら確かに宿泊客以外は入れなさそうだ。

天空のプールは噂通りの壮絶な眺めだった。いや、噂以上かもしれない。光に照らされゆらゆらとした水面の先に、高層ビルの窓明かりが望めた。夜だしなあと甘く見ていたが、プールにはまだ人がたくさんいる。横に長く設置されたプールに沿う形でデッキチェアが並んでいた。バーやクラブなんかもあって、グラスを傾けながら夜景にウットリ見入っているカップルも多い。

一人で見に来るにはもったいない絶景だった。日本で留守番している奥さんの顔がちらついた。電話でもしてみようかと考えたが、自慢みたいなのでやめておいた。元気にしているだろうか。彼女にももうすぐ会える。

折角来たし、バーに入って一杯やっていくことにした。頼んだのはシンガポールスリングだ。ドライジンをベースに、チェリーブランデーやライムなどで味付けした名物カクテル。我ながらミーハー心丸出しだが、テンションがさらに上がった。お会計をしたら、たった一杯なのに二二シンガポールドルもして焦ったけれど。

それにしてもマリーナベイサンズ、なかなか侮れないのだ。

買い物、食事も大いに満喫したし、ショーはあるし、何より天空プールは文句のつけようがない。何から何まで揃っていて、このホテルにいるだけですべてが完結するのは、ある意味テーマパークのようにも思えた。

さらに極めつけというか、忘れてはならない存在がある。

——カジノである。いよいよである。運命の時がやってきた。勝てば明日もう一泊、負けたら場末の宿へ移動すると決めていた。

僕はパチンコも競馬も麻雀もやらない。博打《ばくち》にはめっぽう疎いのだが、やるときはやるのだ。男は黙って一勝負なのである。

ＡＴＭで軍資金を引き出して、いそいそと向かった。ホテルとショッピングアーケードを結ぶ通路の途中に入口があった。中二階のようなフロアから、下を覗き込むと、巨大な広場のようなスペースに無数のテーブルがひしめいていた。

マカオのカジノのような奇をてらった派手さはないものの、非日常を感じさせる大人の遊び場といった佇まいに心が浮き立ち、賭場へやってきたのだ！　と一層鼻の穴が広がった。

お目当てはスロットマシンのコーナーである。ブラックジャックやルーレットではなくスロットへ行くと言うと、うちの奥さんなどは邪道だなあと眉をひそめる。彼女は江戸っ

一攫千金を夢見て！　これを撮った後で写真は駄目と注意を受けた。

子気質なところがあって、ちょこまかとしたセコイ賭け方を嫌う。どうせやるなら、テーブルに陣取って勢いよく賭けるべし、というのが方針なのだ。

たぶん、僕は寂しい男なのだろう。ちまちまとスロットを打つのはまったく苦じゃないし、一人黙々と機械と向き合うのがむしろ至福の時間だったりもする。テーブルで勝負すると、場の空気に呑まれてしまって冷静さを失いがちなのだ。

マカオのカジノでは金髪ギャルのセクシーショーが催されたりするが、そういった下品な演出はない真面目さはシンガポールらしくて好感が持てた。ラスベガスなどアメリカのカジノはフリードリンクになっていて、ウェイターへのチップだけで飲み放題だが、シンガポールはアルコール類は有料のようだった。ひとまず無料のコーヒーを手にとって、場内を見て回った。

ひととおり観察したところでは、「大小」のテーブルがあったのが気になっていた。マカオのカジノではお馴染みの、サイコロを三つ振って出目を予想するゲームだ。ベイサンズはラスベガス系列だが、中国人も多いシンガポールだけに大小は外せない、ということだろうか。そういえば、欧米人の姿をあまり見かけない。

実は昨年、仕事の出張でマカオへ行ったばかりだった。日中は取材だったが、夜ホテルに帰ってきてからはカジノで一勝負するという寝不足気味な滞在となった。そのときの結果は……あまり大きな声では言えないが、散々なものだった。

カジノのスロットマシンといっても、バーが回転するアナログライクな台から、液晶画面に華美な映像が流れるハイテクなものまでさまざまある。どれを打とうか物色していると、見覚えのある台が目に留まった。去年マカオで痛い目に遭った、あの呪わしいスロットと同じものだ。

しばし逡巡して、勝負することにした。一年越しのマカオの借りをシンガポールで返す。リベンジなのである。

機械に直接お札を入れる方式なのはマカオと同じだ。打ち始めてすぐにアタリが来た。気をよくして、賭ける倍率を増やしたら——あっという間に底をついてしまった。

隣の台にスライドして、さらにお札を投入する。しばしばアタリが来るが、打ち尽くすのは時間の問題だった。この機種とは相性が悪いのだろうか。

スロットで景気づけしたら、大小に挑むつもりだった。けれど、目論見はあえなく瓦解した。勝てない。勝てないのだ。アタリは出るけれど、最終的にはすべてのまれてしまう。だんだん意地になってきて、次から次へとお札を投入した。でも減ることはあっても増えることはなかった。下ろしたお金がなくなったことに気がついた時には、時計の針はなんと深夜四時をさしていた。いったいどれだけ粘ったのだろう。

負けた――。認めたくはないけれど、盛大に負けてしまった。

見事にすっからかんである。勝てたらもう一泊などと息巻いていたが、その同じ金で余裕で一泊できたという笑えないオチがついた。自己嫌悪に苛まれ、悄然としながら部屋へ帰った。カジノを出た所にある通路のソファで、ごろ寝している男たちがたくさんいた。淀《よど》んだ空気が漂っていた。

(16) 旅暮らしと外国暮らし

朝の八時に目覚ましをセットしたのに、起きたら九時を過ぎていた。明け方近くまでカジノへ入り浸ってしまったせいだ。酒はたいして飲んでいないのに、二日酔いとはまた違った頭の重さがある。歯磨きをして着替えつつ、備え付けのケトルでお湯を沸かして眠気覚ましのコーヒーを淹れた。

一一時にはチェックアウトしなければならない。それまでには、例の天空プールを満喫しておきたかった。先にパッキングを済ませてエレベーターに乗った。屋上へやってくると、あいにくの空模様だ。薄い灰色がかった雲に覆われ青い部分が見えない。それでも、プールは朝から大勢の人で賑わい、あちこちで嬌声が上がっている。

「天気が良ければねえ」

近くにいた日本人の女子二人組が残念そうな声を上げていたのに、心の中で同意した。しかし日本人の姿がやたらと目につく。というよりあまりに多すぎる。自分もそうなのを棚に上げ、日本語ばかりが飛び交う目の前の光景に悪態をつきたくなった。

チェックアウトも非常にアッサリしたもので、カードキーを返したらそれでもう終わりだった。冷蔵庫の中身をルームキーパーに内線して確認することもない。そのままガラガラ荷物を転がして、昨晩と同じショッピングアーケードのフードコートへ向かった。ホテルの朝食は付けていなかったのだ。

入ったのは、KRAZE BURGERSというハンバーガー屋だ。日本にはまだ上陸していないが、韓国では有名な店である。シンガポールでは、世界各国の人気店がしのぎを削っていて、あらゆるお店が入ってきている印象だ。日本より流行りにずっと敏感で、さすがは国際都市だなあと感心させられる。

KRAZE BURGERSはマクドナルドやバーガーキングなどと比べやや高級なハンバーガー店で、作り置きではなくオーダーを受けてから調理する。大ぶりのフライドポテトと一緒にきちんとお皿に盛りつけされて出てきた。ファーストフードというよりは、ファミレスに近い。肉はジューシーでなかなか好みの味だが、ボリュームがたっぷりすぎて、意地汚く完食したら朝から思いっきり胃がもたれた。まあでも、時間帯としては朝食というより昼食という感じだから、二食分と思えばお得感はある。

さて、今日はホテルを移動しなければならない。

このまままたカジノへ突入して、しつこく再挑戦しようかという不敵な企みも一瞬頭を過ぎったけれど、敗者は敗者らしく引き下がるのが潔いだろうと、寸前のところで思い留まった。

次のホテルまで移動するのに、タクシーを使うのもやめにした。節約できる部分は我慢なのである。歩いて駅まで行って、地下鉄に乗って向かうことにする。

マリーナベイサンズからシティホール駅までは、ぐるっとマリーナを半周以上歩かねばならない。通常なら徒歩で三〇分しない程度の距離だが、途中でマーライオンを超望遠で撮ったりしつつ進んだら一時間もかかってしまった。マーライオンなんて過去に飽きるほど写真を撮ったのだが、ベイサンズができて対岸にエリアが広がったことで、これまで撮れなかったアングルのマーライオンを撮影できるようになった。

重い荷物を持ちながら観光するのは普通なら体力的にも治安の面でも不安が募るが、その点シンガポールは気楽でいい。道も綺麗に舗装されていてキャスターを転がしやすいし、泥棒を警戒する必要もない。

途中で中国人の夫婦にシャッターを押して欲しいと頼まれた。マリーナベイサンズの威容をバックにパチリと押してあげた。ホテルの前に立つ、蓮の花びらのような形をした建物が一際目立っていて、絶好の撮影ポイントだった。お返しに撮りましょうか？　と訊かれたので、遠慮せずにお願いした。一人旅だとなかなか自分入りの記念写真を撮れないので、図々しく何枚も撮ってもらった。

エスプラネードからは屋内へ入って、地下鉄の駅を目指す形となる。外に比べて道行く人の数がグッと増えた。暑いからこうして屋内を通るのがシンガポール流なのだろうか。複雑に入り組んでいて迷路のようだが、さり気なく「ＭＲＴ」の文字と矢印が出ているので迷わずに済む。本当にさり気なくデザイン

マリーナベイサンズの勇姿をバックに都落ちした敗者の図。

されていて、センスの良さを感じるほどだ。喩えるならiPhoneやMacBookといったアップル社のプロダクトデザインに通ずるところもある。日本みたいに周囲の景観を無視してお節介なまでに小煩く案内を出していないところはずっと好感を持てる。自国の悪口はあまり書きたくないが、率直な感想なのである。

自販機で切符を購入する際に、一シンガポールドルのデポジットを合わせて徴収された。下車した後で切符を再度自販機へ返却すると、このデポジットが戻ってくるシステムになっている。ほかの国では見かけない珍しいやり方だが、初めてこの国に来た時にはややこしくて頭が混乱した。返却せずに、そのまま次回以降に再利用できるのは画期的だが、短期滞在の旅行者としては、デポジットを回収するのをいつも忘れてしまうし、正直このシステムには馴染めない。

アルジュニード駅で下車した。ゲイラン地区という、シンガポールの中でも下町の雰囲気が色濃く残るエリアに宿の予約を入れていた。ゲイランに泊まるなどとシンガポールに詳しい人に話すと、まず間違いなくギョッとされるし、下手したら変に邪推される可能性がある。ここは曰《いわ》く付きのエリアなのだ。

簡潔に説明すると、色街というと分かりやすいだろうか。赤線地帯と言い換えても良いのかもしれない。東京でいえば、たぶん吉原のようなところだ。その手の店が多く、いわゆる立ちんぼのお姉さんが通りに並ぶような街。

そんないかがわしげな場所だが、実はこのエリアには安宿が多い。というより、シンガポールで安く個室に泊まるなら選択肢はゲイランぐらいしかないとさえいえる。今回初めて訪れたのだが、ホテルの予約サイトで検索してみると、安いホテルはほぼすべてこのエリアにあるようだった。僕が予約した宿も、この国の相場からしたら驚異的に安かった。なんと、たったの三〇〇〇円である。マリーナベイサンズのおよそ八分の一。同じ予算があれば、八泊もできてしまうのだ。

最高級から最底辺へ――。ガクンとランクが下がった。

実際、チェックインして部屋を開けた瞬間激しく落胆した。日本のビジネスホテルの狭い部屋をさらに一回り小さくしたような空間に、不釣り合いなほどに大きなベッドだけが置かれていて、荷物を広げるスペースもない。おまけに黴の匂いが鼻をつく。場所柄ラブホテルのような役割も果たしているのかもしれない。

昔旅したアフリカの宿を思い出した。あれはエチオピアのアジスアベバだった。まさにこんな感じの場末感漂う宿で、一階のバーではけばけばしい化粧をした女性たちがやってくる男性客へ色目を送っていた。典型的な娼婦宿だったのだ。

とはいえ、値段を考えれば文句は言えなかった。いちおうは個室であるし、安宿には慣れてもいる。それに実をいうと明日は飛行機の出発がかなり朝早いのだ。ゲイランからだと空港は近いし、どうせ寝るだけと割り切ろう。あまりの落差に都落ちした気分になったが、これもカジノで負けた罰ゲームと諦めるしかなかった。

荷解きをせずに、すぐに出発することにした。ゲイラン地区は、まだ昼間だからか、噂に聞いていたような怪しげな雰囲気はまったく感じられなかった。エアコンの効いていないオープンエアの食堂で、地元の人たちが麵をすすっているような、いかにもアジアといった平和な光景が広がっていて拍子抜けした。

大通りに出てタクシーを拾った。「カトンまでお願いします」と運転手に伝える。街の東の外れに位置するゲイランからだと、ほど近いところにカトン地区という個性的なエリアがある。中華とマレーが融合した「プラナカン」と呼ばれる、独特の文化で知られる歴史あるエリアだ。しばしばガイドブックなどでも紹介されているようだが、中心部からだとかなり遠いし、地下鉄の駅もないため、訪れる観光客はそれほど多くない。個人的には、シンガポールの中でもとっておきのスポットの一つだ。

パステル調の家々が連なって立ち並ぶ。一階には主に店舗があって、二階は住居になっている。ショップハウスと呼ばれる、マレー半島南部でよく目にするユニークな建築物だ。リフォームされて綺麗な建物もあれば、壁がところどころ剝《は》がれ落ち古びた味わいのあるものもある。管理国家らしからぬこの雑多な感じが、むしろ情緒があって旅心をくすぐる。

先ほどまでいたマリーナ周辺と比べると、同じ街とは思えない。どちらがいい悪いではない。都会的なものも、歴史的なものもいずれも楽しみたい欲ばりな旅人としては、素直に「いいなあ」と溜め息をつく。素朴な街並みに心が浮き立つ。

ぶらぶらしていると、頬に冷たい感触が伝った——雨？

ポツポツと降り始めた。よく考えたら、この旅初めての雨だ。

東南アジアの人たちは曇り空だと「今日はいい天気だねえ」と目を細める。逆に快晴だと「天気悪いなあ」となる。我々の感覚からしたら真逆の発想なのだが、晴れの日は暑い

中央の「ルーマベベ」の外装がカトン地区で一番素敵だと思う。

から、むしろ曇りの方が好まれるのだという。旅していると自分の価値観がぐらぐら揺らいでいく。土地の人たちの気分になってみると、小降りの雨は恵みの雨にも思えてきた。暑さが幾分和らいだ気がした。

シンガポールの名物に、「ラクサ」という麺料理がある。米粉の麺に、ココナッツミルクがたっぷり入ったスパイシーなスープが特徴だ。スーパーなどでラクサ味のインスタントラーメンが売られていて、お土産に手頃なので僕はいつも買って帰っている。実はカトン地区は、ラクサの街でもある。

小腹が空いてきたし、雨宿りを兼ねてラクサでも食べようかと思い始めた時だった。ふと見慣れた青い看板が視界に入った。「天天海南鶏飯」という有名店だ。チャイナタウン近くのフードコートに入っていて、時間帯によっては大行列ができるほどなのだが、カトンに支店があるとは知らなかった。

一年前の記憶が頭を過ぎった。僕はテレビのロケでシンガポールへ来ていた。某民放の情報番組で、短期で行ける手軽な旅づくりを提案する企画だった。出演者は僕一人なのだが、タレントではないし、テレビ出演なんてほとんど経験がないから醜態を晒してしまったのだ。天天海南鶏飯はそのロケでも訪れたところで、さらに言うと最も苦労した苦い記憶が残った店でもあった。

食事の収録があれほど大変だとは想像もしなかった。当然ながらただ食べるだけというわけにはいかず、もぐもぐしながらカメラの前で感想を述べるのだが、これが難しいのなんの。何度もNGを食らって精神が摩耗した。味わう余裕はまったくなかった。

ここで再会したのも何かの縁だろう。僕はカトン地区の支店へ突入してみた。昼下がりだからなのか、場所柄なのか、店内はガラガラで、僕のほかに一組しか客がいなかった。注文して二分もしないうちに料理が運ばれてきた。

店名にもなっている海南鶏飯、要するにチキンライスである。

食べてみて——感激した。世の中にこんなに美味い食べ物があったのか！　と叫びたくなるほどだ。チキンライスはタイでも定番料理で、カオマンガイと呼ばれ僕も愛好しているが、シンガポールのチキンライスの方がやや上品な印象を受ける。盛り方の問題もあるのかもしれないが、肉はぷりぷり、たれは辛すぎず甘すぎずで、ばくばく進む。思わずお代わりをしたくなるが、ライス自体を鶏のだし汁で炊いており、見た目よりもずっと高カロリーなのだ。ハンバーガーを食べてからそれほど時間が経っていないし、実は夕方から人と会う約束があるので我慢する。一年前のテレビロケの際にもお世話になった、現地在住の友人と食事をする予定なのだ。

待ち合わせまで少し時間があったので、オーチャードへ向かった。タクシーではなく、あえてバスに乗ってみることにした。乗車時に運賃を尋ねると、運転手は「一・七ドル」と無愛想に金額だけを口にした。二ドル札で支払ったら、お釣りは出てこなかった。シンガポールはICカードが普及しており、カードをピッとかざして乗り込むのが一般的なのだ。僕のように現金でバスに乗るような人は少数派で、お釣り用に小銭なんて用意されていない。

まあでも、二階建てのバスの二階へ上がると、最前列が空いていたので良しとしよう。シンガポールのバスでは次は○○です、みたいなアナウンスが一切流れないため、乗客は自分の判断で降りる場所を見極める必要がある。土地勘がないと使いにくいが、眺めの良さは地下鉄では味わえないものだろう。

オーチャードらしき通りが見えたのでバスを降りたら、一つ早い停留所だった。見事に早まってしまったらしい。少し歩かなければならないが、散歩も悪くないのだと割り切って前向きに歩を進める。

プラザ・シンガプーラという、オーチャードの東の入口付近に位置するショッピングセンターが盛大に改装工事していた。シンガポール随一のショッピングストリートであるオーチャードだが、ここ数年で目覚ましい変化を遂げた。次々と新しい大型ショッピングセンターが開業し、古い建物も綺麗になった。訪れる度に発展していて、ポカーンと口を開けてしまう。

マリーナエリアといいオーチャードといい、シンガポールの勢いには羨ましさを覚えるほどだ。アジアの国々の発展ぶりには目を瞠らされてばかりだが、中でもシンガポールは最たる例だろう。なんでも昨年はあまりに景気が良すぎて、国民に成長ボーナスとして還元されたという。慢性的な赤字に喘《あえ》ぎ、増税の憂き目が避けられない我が日本からすると、てんで現実味の湧かない話だが、実際に訪れてみると、なるほどと腑には落ちる。アジアの勝ち組、いや勝ち国なのである。

　オーチャードを端から端まで歩いてみる。通りに沿ってデパートやブランドの看板が立ち並ぶこの感じは、東京でいえば表参道のようでもあるが、繁華街にしては緑が豊かでゆったり落ち着いた気分になれる。南国を感じさせる街路樹はかなり背が高く、枝葉が天然のアーケードを演出している。

　それにしても、平日だというのに人出は激しく、大勢の買い物客で賑わっていた。若者、それも学生らしき集団の姿がとくに

アイオン・オーチャード前には、未来都市らしい憩いの光景が広がる。

目についた。iPhoneのバッテリーが切れそうになったので、どこかのカフェで電源を確保しようとしたら、スターバックスもコーヒービーンも若者たちで座席が埋まっていた。ほとんどの者がノートPCやタブレット端末などを広げているのは、さすがはIT先進国という感じだ。

電源は諦め、少し早いけど待ち合わせ場所へ移動することにした。ところがタクシー乗り場へ着いたら、最後尾が見えないほどの長い列ができていた。自分のことは棚に上げ、バスや地下鉄で行けばいいのに……と心の中で悪態をつく。まあでも、この国ではしばしば遭遇する局面でもある。慢性的にタクシーが混んでいる印象なのだ。

裏技を駆使することにした。といっても大した技でもない。近くのホテルの入口で待ち構え、客を降ろした車を捕まえるのだ。繁華街でタクシーが拾えない場合によく試す作戦だった。この企みが功を奏して、五分も待たずに車がやってきた。

シンガポールでタクシーが捕まらない時のテクニックとしては、もう一つ、電話で呼び出すという手もある。場所と自分の携帯番号を伝えると、運が良ければ数分で迎えが現れる。タクシーの屋根に取り付けられた電光板に、電話で伝えた自分の番号が表示されるので、それを見て乗り込めばいい。街の郊外の、駅から遠い場所にいる場合などにも、電話で簡単に呼び出せるのは便利だ。

ビシャンパークという公園内のレストランで待ち合わせしていた。ビシャンパークは二つあって、「2の方ですので間違えないで下さい」とメールに書いてあった。インド系の運転手にその旨伝えたのだが、良く分かっていないらしく、巨大な公園の周りをぐるぐる行ったり来たりする。早めに来ておいて良かった。

レストランに辿り着いたのと、友人のTさんが現れたのはほとんど同時だった。

「お久しぶりです！」僕が手を振ったら、向こうもすぐに気がついたようだ。

Tさんとは、結構長い付き合いになる。昨年テレビロケで訪れた際にもお世話になったのは前述した通りで、さらに遡るとかつて一緒にシンガポールのガイドブックを制作したりもした。日本にいると久しく会わない間柄だとなんとなく疎遠になりがちだが、外国に住む友人とはむしろ案外細く長く付き合いが続く傾向にあるような気がする。

「やっぱりチェックでしたね」とTさんは会うなり目を細めた。

「えっ……ああシャツですか」

僕がチェック柄の服が好きなのがばれていたようだ。今日もきっと着てくると予想していたら、まんまとチェックだったので、ツボにハマったらしい。でもいきなりそんなことを突っ込まれるとは予期していなかったから僕は狼狽えた。

書き忘れたが、Tさんは女性である。いきなりファッションにチェックが入るところは男友だちとは勝手が違うのだ。ご夫婦でシンガポールに暮らして七年。すでに永住権を取得済みで、お子さんも現地の学校に通っている。

公園の中らしく、木々に囲まれた気持ちのいいレストランだった。適当につまみを頼み、生ビールで乾杯をする。お互い積もる話もたっぷりあり、時間が過ぎるのが早く感じた。シンガポールの家賃がぐんぐん上がっていて引っ越ししたという話や、お子さんが中国人より学校の中国語の成績が良かったという話など、近況報告だけでビールがずんずん進んだ。三杯ぐらいはすぐに空になった。オーチャードがやたらと若者だらけだった理由も判明した。ちょうど今はホリデーシーズンなのだそうだ。

震災や原発の話題にもなった。前回会ったのが、確か震災の直前だったのだ。あの後まさか惨事が起きるなんて毛一筋も思わなかった。Tさんは日本のことが気になるようだった。海外にいても、ネットで日本のニュースは見られる。日本に暮らしている者以上に過敏になる感覚には、僕も納得がいく。

かつての長旅の時もそうだった。遠い異国の地にいても、日本のことを忘れたことはなかった。外国にいると、自分の国の良い面や悪い面が見えてくる。手の届かない距離にいるからこその向き合い方もある。旅をしているだけでもそうなのだから、Tさんのように異国暮らしが長い者にとっては、ここ一年の間の日本を取り巻く大きな変化は心配の種だったことは想像に難くない。

「こっちへ逃げてきた人もいるみたい。吉田さんも何かあったら、シンガポールへ来るといいですよ」

そうですね、と頷きながら僕は瞼を撫でた。移住先としてはシンガポールは申し分ない。Tさんの話を聞けば聞くほど羨ましさが募った。

もし自分が外国に移り住むとしたら、最もイメージが湧くのがアジアだった。今回の旅でも、実はそのことを何度も再認識させられてばかりいた。水が合うというのだろうか。暖かな気候は好みだし、食事のストレスはないし、それほど危険な目にも遭わない。やはりすべてが快適そのもので、それでいて適度に刺激がついて回るから退屈しない。

今すぐに結論は出せないし、別に日本に嫌気がさしているわけでもまったくないのだけれど、長い人生の中で一度ぐらい外国に住んでみたい気持ちはある。そして、もしいずれ日本を出るとしたら、僕はアジアを選びそうな予感がしていた。

楽しい時間は過ぎるのも早く、いつの間にか時計は深夜一二時を回っていた。七時に入ったから、なんと五時間も飲んでいたことになる。居心地の良いお店で気の合う友人と酌み交わすお酒ほど美味い物はない。おまけに外国である。このまま朝までも飲んでいられそうな勢いだった。

ただ、すっかり忘れていたが、明日は朝がめちゃくちゃ早いのだ。明日というか、すでにもう日が変わって今日になっていた。公園の入口まで歩き、Tさんがタクシーを捕まえてくれた。彼女とは逆方向なので、ここでお別れとなった。

「またいつでも来て下さいね。次は奥様もご一緒に」

そう言って、一台目に僕を乗せてくれた。絶対にまた来ます、と頭を下げた。大きく手を振って見送ってくれるTさんに、窓ガラス越しに手を振り返す。結局、食事代までご馳走になってしまった。突然どかどかやってきて、図々しくお世話になってばかりの旅人なのであった。

そのままタクシーに宿へ向かってもらう。ゲイランまで行ってくれと言うと、タクシーの運転手は眉をひそめた。ああ、そうか。目の前で女性と別れたばかりの客がなぜそんなところへ、と訝られたのだろう。

「ゲイランですか……。あそこは、レッドラインですよ」

「ええ、知ってます。でもホテルが安いし、空港にも近いし」

僕の答えを聞いて合点がいったようだ。とくに出張のビジネスマンなどで、宿代を抑えるためにゲイランに泊まる者も結構いるのだと運転手が教えてくれた。

そして「旅行で来る人が泊まるような場所ではないですけど」と続けた。仕事で来ている客だと思われているようだった。僕も旅行者なのですが……、と正直に答えるのはやめ、ええそうですねと相づちを打ってしまった。

通りの名前がうろ覚えだったせいで、ゲイランに着いてからもなかなかホテルが見つからなかった。路地が入り組んでおり、おまけに一方通行の道ばかりで、同じところを右往左往してしまう。

窓の外に目を遣《や》ると、あちこちにピンクのネオンが灯っていた。手ぶらで徘徊《はいかい》している男たちの姿も目につく。歌舞伎町の裏通りをさらにアングラにしたような、見るからにいかがわしげな雰囲気だ。こんなに遅い時間なのに、昼間とはうってかわって街には活気が漲っている。なるほど、噂通りの街のようだった。

写真でも撮りに行こうかと一瞬考えたが、くたくただったのでそのまま部屋に直行してベッドに倒れ込んだ。カバンはマリーナベイサンズを出る時にパッキングしたまま開けてもいない。狭く小汚い部屋で荷物を広げる気にはなれず、シャワーを浴びるのも億劫《おっくう》だった。どうせ数時間後には空港へ行かなければならない。飛行機に乗ってしまえば、すぐに別のもっと綺麗なホテルが待っている。

このまま寝てしまうことにした。といっても、仮眠という感じだが。

次の目的地は――旅の終着地バリである。とうとう王手がかかった。

(17) 旅阿呆は踊る阿呆と化す

チェックインカウンターで荷物を計ったら一五・二キロだった。出発の時から比べたら着実に重たくなっている。色々と買い物もしてしまったシンガポールとも、もうお別れだった。台湾以外はすべて二泊しかしていない。バスのようにサクサク移動できるのはＬＣＣの手軽さの恩恵ともいえた。

結局三時間ぐらいしか寝られなかった。綺麗とはいえない部屋で目を覚まし、すぐに荷物を持ってエレベーターを降りると、フロントはもぬけの殻だった。エクスキューズミーと奥の方へ声をかける。Ｔシャツ姿の女性がぬっと出てきた。ジャケットを羽織りながら、目を擦っている。こんな時間にチェックアウトする客もいい迷惑なのだろうなあと心の中で詫《わ》びつつ、鍵を返して外へ出た。

ホテルの前で客待ちしていたタクシーに飛び乗り、「エアポートまで」と告げる。まだ薄暗い道路はがらがらで、走り始めて一〇分ぐらいで着いてしまった。

ホーチミンシティから到着した時と同じＴ１に再びやってきていた。乗るのはＬＣＣなのだが、やはりバジェットターミナルではなかったのだ。少々残念だが、バジェットターミナルにはお店もあまりないというから、結果的にT1で良かったともいえる。お腹が空いていた。二四時間営業のレストランを見つけ、中へ入ってワンタンミーを注文した。「ミー」とはヌードルのことで、つまり雲呑麺である。昨晩の酒がまだ身体から抜けきっていなかった。朝っぱらから麺とはいえ、飲んだ後のシメの麺のようでもあった。

食べ終わったらすぐに出国し、シャトルトレインに乗ってT3へ移動することにした。チャンギ空港はT1、T2、T3と三つのターミナルがある。それらの間を結ぶモノレールのような乗り物が走っている。

なぜわざわざT3へ行ったのか。実はちょっとした用事があった。T3にだけ入っているあるお店で買いたいものがあったのだ。目指したのはアイスタジオという、アップル社の製品を売るチェーンの支店だった。

iPad——タブレット端末ブームの火付け役となった、アップル社のあのiPadだ。亡きスティーブ・ジョブズが世に送り出した、この革新的なプロダクトは瞬く間に大人気となり、僕も速攻で飛びついた。第二弾となるiPad2も並んで買った。そして液晶画面が大幅に美麗化した第三弾となる新しいiPadが登場。

なんと今日が発売日だったのだ。製品が発表になったのは、僕がフィリピンにいた時だったから、旅行を計画した際に狙っていたわけではなく、単なる偶然である。アメリカや日本だけでなく、ここシンガポールも同時発売国の一つだった。実は昨日オーチャードを散策した際にリサーチしたところによると、とくに予約などは取っていないので、早い者勝ちで買えるという話だった。

空港内の支店なら免税である。空港内にアイスタジオの支店があることは以前から知っていた。そんなに慌てなくても、日本に帰ってから買えばいいのに、と疑問に感じる人もいるかもしれないが、ちっちっち。人より早く、できれば発売当日に入手したい。完全に自己満足だけれど、マニアとはそういうものなのである。

朝六時開店だと来る前にネットで確認してあった。市内の支店は一〇時開店である。空港だから特例的に早く店が開くのだろう。僕は五分前に到着した。お店のスタッフが開店準備をしているところだった。

シャッターが開く——あっ！　あれだ！　僕は上気した。店頭の一番目立つ場所に新しいｉＰａｄの実物らしきものがしっかり飾られているのだ。さっそく中へ突入しようとすると、六時きっかりになるまで待って下さいと、店員さんに窘められた。わずか数分がもどかしい。やがて、ほかの客もちらほら集まり始めた。さすがに世界的なプロダクトである。今日が発売日だと知っている様子の客ばかりだ。

そして六時になった。僕は一番乗りで実機が飾られた台に飛びついた。いやはや、液晶の綺麗さは噂以上だ。初代ｉＰａｄもｉＰａｄ２も持っているから絶対に必要というわけではない。でも必要だから買う、という類いのものではないのだ。こうして運命的に発売日に巡り会えたのも何かの縁だし、仮に欲しくないとしても物欲を抑えられなくなるのは言うまでもない。

「三二ギガバイトのを下さい。色はできれば白で……」

近くを通りかかった店員さんを呼び止め声をかけた。僕がよっぽど切羽詰まった表情をしていたのかもしれない。店員さんは一瞬躊躇したあと、おそるおそる口を開いた。その台詞《せりふ》を聞いて僕は頭の中が真っ白になった。

「……すみません。一〇時になるまでは売れないんです」

発売日に居合わせたのも何かの縁。喉から手が出るとはこのことか。

がーん。そ、そ、そんなあ……。

「なんとかなりませんか？　もうすぐフライトなんです」

恥を忍んで縋ってみても、店員さんは首を横に振るばかりだった。

「一〇時は厳守というお達しなんです。申し訳ないですが……」

発売当日に立ち会えたのに、目の前にあるのに……。ほかの客も「ええ、買えないの？」と困惑している。激しい落胆と徒労感が襲ってきた。悔しさのあまり、歯をがちがち震わせることしかできなかった。

航空会社のカウンターへ行って次の便に変更できないか掛け合うことも考えたが、もうチェックインしてしまっているし、そもそもLCCだ。変更なんてできるわけもない。この際、飛行機が遅れてくれないかな、などという本末転倒な発想まで頭を過ぎったが、こういう時に限って律儀に時間通り搭乗が始まってしまったのだった。

項垂《うなだ》れながら搭乗橋を渡った。沖止めではないがLCCである。乗るのはバリューエアというシンガポールの航空会社だった。僕も今回初めて知った名前だが、オーストラリアのジェットスター航空のグループ会社なのだそうだ。デンパサール行きのこの便も、ジェットスター航空との共同運航便で、ジェットスター航空のサイトで予約をする形だった。

それにしても、「バリューエア」なんてすさまじい名前である。その名もズバリで潔いネーミングだし覚えやすいのは確かだが、下手にバリューを謳わずに、もう少し格好のつく名前にすればいいのに、と余計なお世話を焼きたくなった。iPadが手に入らなかったことで、僕は後ろ向きな気分になってしまっていた。

ただし乗ってみると、ちゃんと食べ物が無料で支給されて驚いた。パンだけではあるが、LCCでこれは特筆すべきだ。名前から先入観を抱きがちなので損しているような気はするのだけれど、バリューだけどサービスはいい、そんな意味を込めて付けられたネーミングなのかもしれない。

寝不足だったのもあり、機内では首枕をしっかり装着して熟睡モードに入った。気がついた時にはデンパサールに到着していて、ワープしたみたいだった。

目を覚ましたら、隣の座席の女性が「そこに入れておきましたよ」とシートポケットを指差した。寝ている間に配られたインドネシアの入国カードを、僕の分ももらっていてくれたらしい。フィリピンに到着した時にも同じように熟睡していたのを思い出した。あのフライトで一緒だった隣の中国人は自分の分だけしっかり確保していた。気が利くというか親切なのは、さすがはシンガポーリアンなのである。

バリへ来るのは実に久しぶりだ。東南アジアの中でも、インドネシア、とくにバリまで行くとなると結構距離がある。フライトも限られるから短期旅行だとついついタイやシンガポール止まりになりがちだったし、時間がある時はヨーロッパやアフリカまで足を延ばすことが多かった。個人的に意外と足が向かないのがバリだった。

古めかしい建物は相変わらずだったが、改装工事中なのだとポスターが貼ってあった。そういえば、台北の桃園空港も工事していたっけ。昨年インドのデリーへ行った時にも、オンボロ空港が真新しい近代的なものに変わっていた。成長の追い風を受けて、アジアの空港は着々と生まれ変わっているようだった。

ターミナル内を進んでいくと、大きなラックに観光パンフレットがずらりと陳列されていた。英語のものだけでなく、日本語のものもある。というより、むしろ日本語のパンフレットの方が多いぐらいだ。

ガイドブックを持ってきていないので、手当たり次第にラックからかき集めた。ガイドブックなどなくとも、こういうパンフレットがあれば案外なんとかなるものだ。スパやオプショナルツアーなどの広告だらけだが、地図だけでも役に立つし、なにせ無料であるから、有り難く使わせていただこう。

バリは日本人のリゾート先としては、ハワイやグアムに次ぐレベルでポピュラーなところだろう。これまでずっと都市ばかりを巡っていたから、こういうリゾート地へ来たのは今回初めてだ。感慨が湧いてきた。

旅の終着地へ辿り着いたのだ！

イミグレーションまで来たところでハッとなった。入国審査の前に、ビザのブースがある。そうか、すっかり忘れていたけれど、インドネシアはビザが必要だった。いまどきビザが必要な国も珍しいが、空港で即時取得できるならマシな方といえるだろうか。手数料が二五ドルと書いてある。米ドルだ。こういうこともあろうかと、海外へ行く際には米ドルの紙幣をいくらか持ってきているのが役に立った。

ＬＣＣでアジアを繋いでいく旅は、かつてのバックパッカーのアジア放浪旅行の進化形のようでもある。ただ一方で、ビザで頭を悩ませなくていいのは当時とは違う部分だ。一

とりあえず一通りもらっておくのが吉。なにせタダなので。

〇年前旅した頃には、事前に大使館などでビザを取らなければならない国がまだ結構あった。インドネシアなんてASEAN諸国の優等生であるし、こういう形で細々と外貨を稼がなくても良さそうなのになあ。

些細な点だが、進歩している点はあった。ビザのシールが小さくなっていた。以前はパスポートの一ページをまるまる使うタイプのシールだったのだ。パスポートのページ数は限られている。インドネシアへ来る度に一ページを消費しなければならないのは旅行者の間で不評を買っていた。時代の流れだろうか。この勢いでビザそのものが撤廃されると良いのだが。

入国審査を抜け、荷物をピックアップし外へ出たら、むわっとした熱気に身体がびくんと反応した。シンガポールも暑かったが、さらに温度が上昇したようだ。

ATMでお金を引き出したら、ベトナムに続きまたしても単位がべらぼうに多くて困惑させられた。インドネシアの通貨はルピアである。一〇〇〇ルピアでだいたい九円ぐらい。桁数を打ち間違えないように注意しながら、ひとまず一〇〇万ルピアを下ろしてみた。

キョロキョロしていたら、「タクシー?」と客引きに声をかけられたが、やんわりとお断りして、クーポンタクシーのカウンターを探した。白タクより多少高いかもしれないが、面倒なことに巻き込まれるのは嫌なので、できればプリペイドのタクシーがベターだ。ホテルまで五万ルピアだった。エリアごとに値段が決まっているという。予約を入れたのは、空港からはほど近いホテルで、料金表の中でも一番安いエリアに該当するようだった。

空港の近くのホテルにしたのは理由がある。明日の朝、日本から奥さんが到着するからだ。そう、いよいよ再会の時が間近に迫っていた。


ホテルまでは本当に近くて一〇分もかからなかった。

チェックインしようとして、問題が発生した。

「バウチャーを出してください」と言われ、スマートフォンの画面を見せたら、紙にプリントアウトされていないと駄目だと仰るのだ。

この日の宿だけは、出発前に予約をしてこなかった。実は奥さんのほかにも、日本から友人が来ることになったりと、バリでの予定が錯綜《さくそう》していた。バリといってもクタやレギャンやスミニャックなど、エリアの選択肢は多岐にわたる。どこへ泊まるのがいいか決めかねていたため、予約が後手に回った。旅の途中、確かバンコクにいる時にｉＰｈｏｎｅからようやく予約を入れたのだった。

そういう経緯《いきさつ》があったから、バウチャーを印刷する余裕はなかった。プリンターなんて持ち歩いているわけないし、そもそも紙のバウチャーがないからと宿泊を断られるようなケースに過去一度も遭遇したことがなかった。

「近くにインターネットカフェがあるから、プリントアウトしてきてくれませんか」

レセプションの女性が当然という顔をしてとんでもないことを言った。そんな七面倒なことをしたくない。

「メールで送りますので、そちらで印刷してもらえないですか？」

僕は眉間に皺を寄せ反論した。バウチャーにも画面を見せるだけでOKだと書いてあるのだ。女性は渋々ながらもアドレスを教えてくれた。PDFのバウチャーをその場でiPhoneからメールで送って事なきを得た。

ところが、次なるトラブルが生じた。

「隣の部屋がリノベーション中でして、昼間は工事の音がうるさいのですが……。大丈夫でしょうか？」

うーん、大丈夫なわけない。折角のリゾート気分が台無しではないか。僕はこれにも抗弁した。いつもなら仕方ないと諦めることも多いが、この時は寝不足がたたって疲れ果てていた。ゆっくりのびのびとしたかった。

アジアの旅は良くも悪くも結果オーライなところがある。多少図々しいぐらいに自己主張しないと泣きを見ることも少なくない。

結局、別の部屋を用意してくれることになった。しかもスイートルームだ。もちろん無料でのアップグレード。言ってみるものである。ただし、部屋の清掃が終わっていないので二時間ほど待って欲しいと言う。ここまで来たらその条件を呑むしかない。近所を散歩しつつ、食事でもして帰ってくることにした。

数年ぶりに訪れたクタは、随分開けた印象を受けた。ホテルから街の中心部へ向かう途中にディスカバリーモールという大きなショッピングセンターがあって、中を突き抜けて反対側に出たら海が広がっていた。おお、海だ海だと浮かれた気分になる。

考えたら海を見るのはこの旅初めてだった。飛行機の上からは何度も眺めてはいたけれど、やはり手が届く距離にあると感慨は違う。波が砂浜を洗う音に人心地つき、さらりとすり抜けていく潮風に身体を浄化させる。

とはいえ、ただリラックスさせてくれないのがクタだった。砂浜に足を取られながらカメラを構えていると、たびたび声がかかる。

「ドコヘイク?」「ナニサガシテル?」

などなど怪しい日本語、いやニホンゴでこちらの気を引こうとする。あまりしつこいのは勘弁願いたいが、バリの客引きはそれほど押しが強くはない。観光地へ来たのだなあとほくそ笑む余裕はまだある。

この手の客引きにはパターンがあって、日本で流行りのギャグなどを織り交ぜてくるのも常套手段だが、僕はテレビはほとんど観ないので芸人系のネタにはめっぽう疎く、逆に彼らに教えてもらって初めて流行りを知ることも少なくない。

あとはバリに限らずよく聞くのは、「落ちました！」というやつ。これも「オチマシタ！」とカタカナで書きたくなるような発音なのだが、「えっ、なになに？」と反応すると、途端にカモにされるというオチである。

いかにも日本人向けのアプローチのような気がしていたが、今回クタを歩いていてそうではないことを知った。目の前を白人の青年が二人歩いていた。おそらくオーストラリアから来た若者たちだ。その刹那だった。

「イズユアーズ？」

道陰から現地の若者が英語でそう声をかけ

クタクタになるまでクタを歩く……なんてね（言ってみたかった）。

たのが聞こえた。

イズユアーズ？　なるほど、ニュアンスこそ異なるものの、要するに「オチマシタ！」と同じではないか。二人組の白人の一人がまんまとひっかかって、「え？」と驚いて振り返った。もう一人が、「いやあれはそういうネタだから……」みたいな感じで取りなしていたのが可笑しかった。

ホテルに戻って部屋にチェックインすると、おやっと首を傾げた。僕はツインの部屋を予約していた。実は今晩、日本から友人が到着するのだ。明日にはウブドへ移動するし、どうせ移動するのだから部屋をシェアしようという段取りになっていた。

ベッドは一応二つあった。いや正確には三つだ。普通のベッドが一つと、部屋の隅っこになぜか二段ベッドで計三つ。フロントの女性はスイートルームと言っていたけれど、ファミリー向けの部屋なのかもしれない。普通のベッドの方はかなり大きくキングサイズといった感じだから、そっちにはおとうさんとおかあさんが寝て、二段ベッドは子ども用なのだろう。

友人には悪いと思いつつ、僕は普通のベッドの方に倒れ込んだ。まあ、予約したのは僕だし、早い者勝ちなのである。それに到着までまだ時間がある。

清潔さとほど遠いシンガポールの部屋ではパスしていたから、二日ぶりのシャワーを浴びる形となった。綺麗サッパリして、カメラのバッテリーを充電したり、荷物の整理などしているうちに、猛烈な勢いで睡魔が襲ってきて、まだ日中だというのにコトンと眠りに落ちてしまった。

コンビニで買ってきたビールをぐびぐびしながら、ロビーのテラスでパチパチとキーボードを打っている時だった。入口にタクシーが停まったのが見えた。続いて現れた人影を見て、僕は「おーい」と手を振った。

「ああ、どうもどうも」と手を振り返しながら現れたのは友人のフジフミさんだ。

「あれ、なんだかずいぶん早かったような」

聞いていた到着予定時刻よりも二時間近くも早く現れたので驚いた。

「飛行機が早く着いたみたいで……」とフジフミさんは頰を搔いたが、それにしても早すぎる。まあいいや、とこの時はさして気にもしなかったが、のちのちこれが伏線になる。

とりあえず部屋まで案内すると、フジフミさんは二段ベッドをあてがわれたことに文句を言うこともなく、寛いで荷解きを始めた。

「軽く飲みにでも行きますか？」

すでに夜も結構いい時間だったが、到着したばかりでこのまま寝るのももったいない。実は彼はかなりの強行軍で訪れていた。たったの二泊で、東京へとんぼ返りするのだという。

これぞ週末海外――なかなか大胆な旅プランなのである。

ついでに触れておくと、超短期の旅行を「弾丸旅行」などと呼ぶ人が近頃増えたが、僕はその呼び方に賛同していない。敵を作りそうなのを承知でこの際書いてしまうが、率直に言ってキーワードとしてどうなんだろう……と思う。

週末旅行の本などを書いているせいでたまに誤解を受けるのだが、自分の著書はもちろんのこと、講演会その他含め一度たりとも「弾丸旅行」などという単語を使用したことはないのだ（雑誌への寄稿やインタビュー記事などで、編集判断で入れられたものは除く）。誰が最初に言い出したのか知らないけれど、「弾丸」って言葉の響きには、どちらかというとネガティブな印象を受ける。弾丸って銃弾でしょう？　自虐的な意味を込めているのだろうか。

もっとも、フジフミさんを唆したのはほかならぬ僕だった。

わずか数日前のことだ。ツイッターのつぶやきでフジフミさんがバリに来たそうな雰囲気だったから、「待ってますよ」とメッセージを送ってみたのだ。まあでも、まさか本当に来るとは思わなかったのが正直なところで、翌日「航空券を押さえました！」という連絡がきてニヤリとしてしまった。

僕の周りには旅好きが多い。旅好きというのは、世間一般からすると、どこかずれていたりもする。良くも悪くも変な人ばかりなのだ。いや、悪くもなんて書いたら失礼か。なんというか、面白いというか、飽きないというか。要するに一風変わった個性的な人物が少なくないのだ。変わり者どうし通じ合う部分がきっとあるのだろう。類は友を呼ぶなんて言葉もある。

彼らに共通する特徴としては、フットワークの軽さが挙げられる。来ますか？　と聞いて、行きます！　とまるで近所の居酒屋へ集まるようなノリで本当にやってきてしまうのだ。バリまで来るほどではなくとも、たとえば今度みんなで鍋でもしようなどという話になったとして、それが社交辞令ではなく本当に実現してしまうような気軽さ、とでもいえば良いだろうか。

振り返れば、フジフミさんは元々は僕の本の読者だった。確か最初に会ったのはトークイベントに出演した時のことで、彼はお客さんとして来てくれていたのだ。フジフミさんのほかにも、最近は嬉しいことに読者の方々と知り合ってそのまま友だちになるパターンが増えている。たまたま同じ時期に同じ場所を旅していたり、偶然にもまったく同じ飛行機だったことも複数回ある。僕の本を読んでくれているぐらいだから、基本的に同じ旅好きという素地があって、打ち解けると話は早いのだ。

東京で改まって会うというよりは、なんとなくツイッターとかで交流を図りつつ、そのうちどこか旅先でなんとなく出会う、みたいなゆるい感じがまた悪くない。あちこち出没しているので、どこかで見かけたら気軽に声をかけて下さい。

到着したばかりのフジフミさんを連れ、夜の街へ繰り出した。アテはないけれど、レギャンまで行けば楽しい遊び場がたくさんあるだろうと踏んでいた。ナイトクラブで有名なエリアだ。

案の定、街は大盛況だった。目抜き通りに沿って、クラブやバーが立ち並び、ダンスミュージックのどかどか音が競う合うようにして外にまで漏れ聞こえている。ざっと流して、最も規模の大きそうなクラブへ入った。エントランスフィーは七五〇〇〇ルピアで、ワンドリンク付き。ＩＤチェックはない。客の九割がたはオーストラリア人のようだった。ＤＪまでオージーである。バリはオーストラリアからは目と鼻の先だ。

広々とした吹き抜けのダンスフロアに、ビールのボトルを抱えながら突入する。ビートに合わせてゆらゆら身体を揺らしていると、心地の良い酔いに変わってくる。ＤＪの選曲もなかなか悪くない。ＬＭＦＡＯなど、お決まりのあげあげチューンで積極的にフロアを盛り上げようとしてくる。ＤＪブースの両脇にお立ち台があって、水着姿のセクシーギャルが腰をくねらせ激しいステップを踏んでいるのにもテンションを上げられた。フジフミさんも上気した顔で両手を振り上げながら踊っていた。

僕は青春をクラブや音楽に捧《ささ》げてきた。今となっては昔話だが、学生時代は定期的にイベントを開催してDJをしていたし、社会人になってからも、旅を始める前は給料のほとんどすべてをレコード代に費やしてもいた。金曜の夜は終電過ぎまで会社で残業して、その足で渋谷や六本木のクラブへ繰り出す日々だった。

最近は旅の方が忙しくなってしまい、昔ほど遊びには行かなくなったけれど、代わりにこうして旅先でしばしば羽目を外したりもする。旅のついでに遊びに行けると、一石二鳥なのである。音楽のいいところは、言葉の壁を超えられることだ。生まれも育ちも異なる者たちが、同じ音で身体を揺らす。フロアを共有する者たちの間に生まれる一体感は何物にも代えがたい。

「遊びましたね。いやあ、楽しかった」

夜のパトロール＝徘徊は、アジア旅の特権かもしれない。

クラブの目の前のコンビニでビールを買って、そのまま路上の縁石に腰掛けフジフミさんと乾杯する。シンガポール以来、連日連夜遊び続けている気がするが、楽しいのだからしょうがない。時計を見るともう二時を過ぎていた。

「そろそろ帰りましょうか。もう三時ですしね」

「……ん？　三時？　あれ二時じゃないの？」

この期に及んでようやく謎が解けた。僕はインドネシアの首都であるジャカルタの時間に時計を合わせていた。iPhoneの設定で地名を入力すれば自動で時間を表示してくれる機能を利用していた。

「バリの方が一時間進んでるんですよ」

とフジフミさんに指摘されハタと気がついたのだ。同じインドネシアなのに時間が違うらしい。国土の広いアメリカなどは、都市によって時差があるのは納得だけれど、アジア圏で国内に時差がある国は稀だ。なるほど、フジフミさんが到着したのが随分早いと感じたのも、そういうわけだったのだ。

狭い通りが車やバイクで埋まり始めた。そろそろお開きなのだろう。ドア越しにタクシーに声をかけると、メーターでは行かないと連れない答えが返ってくる。順繰り何台かに当たったが、どの車も協定でも組んでいるかのように一〇万ルピアと同じ値段を口にする。

そうこうしているうちに、交渉がまとまったのかオージーたちが続々とタクシーに乗り込んでいるのが横目で見えた。タクシーの奪い合いの様相を呈してきていた。値段交渉を挑むと、七万ルピアまで下がった。

「六万にしてよ。こっちは二人だから三万ずつということで」

そう僕が言うと、やれやれといった様子で運転手はようやく首を縦に振った。

(18) バリで会えました！

約束の日がやってきた。待ちかねた日でもあった。

——バリで会いましょう。

東京の我が家を一人出てかれこれ一〇泊。いよいよ奥さんがここバリへやってくる。

我が家ではいつものことだが、飛行機の便などはすべて僕が手配してあった。LCCではない。乗り慣れたシンガポール航空の便だ。東京で会社勤めをしている彼女は、仕事帰りにそのまま出発することになっている。フジフミさんほどではないが、週末海外の短期旅行なのは同様だ。

イーチケット控えをプリントアウトしたものと、ラウンジに入れるゴールドカードなどを一式レジュメのようにしてまとめて渡してあった。我が家の添乗員としては、お膳立ては完璧に整えたつもりでいた。あとはパスポートさえ忘れずに、時間通り空港へ到着できれば、問題なくバリまでやってこられるはずである。

空港へ迎えに行くまでに少し時間があった。僕はホテルの前からタクシーを拾った。前日にネットで見つけたある雑貨屋が気になっていた。

バリといえば、エスニックテイストながら適度なおしゃれ感を持った雑貨が充実しており、ベトナムと並んでアジアの中でも雑貨天国として知られる。とはいえ、いかにもお土産っぽいものには惹かれない。あえて狙うならデザイナーが自ら経営し直販しているような店、そして手作りの大量生産ではないもの——そんな方向性に合った素敵そうな店にアタリをつけていたのだ。

街中からはかなり離れていたけれど、わざわざタクシーで訪れた。その甲斐があって、眺んだ通りの充実の品揃えに興奮した。「ｓｉｓｉ」という名の雑貨店だった。

オーナーが日本人女性らしく、ほかの店と比べて行きすぎたエスニック感がなく、日本で普段使いできそうなナチュラルなデザインが目をひいた。淡い色使いや可愛らしい柄のものが多く、基本は女性向けのようだったが、中にはぎりぎり男性でも使えそうな製品もある。水色の麻織りｉＰａｄケースと、あとは奥さんへのお土産にパッチワークの布製ショルダーバッグを買った。カードが使えなかったので、手持ちのルピアをほとんど使い果たしてしまった。

ホテルへ戻ると、フジフミさんが荷物をまとめているところだった。

「とりあえずＳＩＭカードを買ってきました！」

スマートフォンが無事ネットに繋がったと頬を緩めている。彼もまた、その手のデジタルモノに目がない旅人のようだった。外国にいようとも、滞在日数が短くとも、常にネットに繋がっていたい気持ちには僕は共感できる。

実は奥さんだけでなく、もう一人日本から友人がやってくることになっていた。僕がバリへ行くというと、目を輝かせて便乗したいと言い出した。我が家ではヤーマンと呼んでいるその友人も根っからのオタク気質で、どこへ行っても必ずネット環境を確保するタイプだ。

スマートフォンが普及し、世界規模で通信環境が整ったおかげで旅は格段に便利になったし、旅の在り方が新しいステップに進んだ実感を伴う。

デジタルに頼って旅する者たちのことを、「フラッシュパッカー」と呼ぶらしい。言葉なんてなんでもいいのだけれど、そういった用語が生まれるほどにデジタル依存型旅人が増えている現状があるのは事実だ。

実は昨日、日本から合流しに来るヤーマンから連絡があった。途中でシンガポールに一泊するので、ついでにｉＰａｄを買ってきてくれるというのだ。そう、チャンギ空港で目の前にしながら買えなかった、あの発売されたばかりの新しいｉＰａｄである。悔しい思いをツイッターでつぶやいたら、「買ってきますよ」と名乗りを上げてくれたのだ。面倒をかけるのは悪い気がしつつも、彼は彼で自分のカードで支払えばマイルがたまるだろうし、割と世話好き人間なので、遠慮なくお願いすることにした。バリで買ったばかりのｉＰａｄケースがすぐに活躍できそうなのであった。

奥さんとヤーマンと新しいｉＰａｄを迎えに、フジフミさんと共に空港へ向かった。本来であれば夫婦感動の再会となるところだけれど、期せずして随分と賑やかな合流作戦になった。これが旅行記ではなく小説だったとしたら、物語の最大の山場であるし、どちらかといえば夫婦水入らずでの再会の場面を描きたいところだが、そうはならないところが旅行記なのであった。

ヤーマンは最初別の便だったのだが、わざわざ奥さんと同じ便に変更したという。みんなで車をシェアしてウブドへ移動する手はずになっているから、同じ便の方が効率的ではあるのだが、冷静に考えたらヤーマンもなかなか大胆不敵というか、良くも悪くも遠慮を知らないのである。まあでも、僕も図々しくｉＰａｄの代理購入を頼んだりしているし、遠慮がないのはお互い様か。

アライバルの方に車を向けてもらったのに、タクシーの運転手はなぜか「ハブアグッドフライト」と言い残して去って行った。だから、アライバルなんだってば。

到着ロビーには出迎えの人だかりができていた。おもに旅行会社のスタッフとかなのだろう。名前が書かれたプレートを掲げ、建物から次々と吐き出されてくる到着客に視線を凝らしている。その中に紛れ込んで、知った顔が現れるのを待った。

空港ほど待ち合わせにドキドキする場所はないと思う。案内板の到着便一覧の中で、乗ってきたはずの便名が「Arrival」に変わると、いよいよ緊張が最高潮に達する。いまかいまかと固唾《かたず》を呑んで見守り、ドアから誰かが出てくる度に、ああ違った……、次かな……、いやその次かな……と一喜一憂する。

「なかなか、出てこないですね」フジフミさんが目尻を吊《つ》り上げた。

すでに通り過ぎた乗客の荷物のタグをさり気なく観察したら、同じ便名が書かれていた。そろそろ出てきてもいいはずなのだ。しかし、一行は一向に現れない。

やきもきしすぎて、業を煮やし始めた頃だった。

——ん！　見慣れた赤いリモワのスーツケースが視界に入った。引いている人物の顔に目線をずらす——ビンゴ。

僕は夢中で手を振った。気がつくかな、気がついて欲しい——気がついた！　ドアをくぐった彼女の顔にパッと明かりが灯った。小走りでこちらに駆け寄ってくる。

「ようこそ、バリへ！」僕は出迎えにきた添乗員を気取って言った。

「久しぶりぃぃ！」奥さんが添乗員の首に両手を回してきた。

一〇日という会わない期間の長さは、人目を憚《はばか》る余裕を失うだけのインパクトがあった。奥さんのすぐ後ろにはヤーマンの姿が見えた。隣ではフジフミさんも見守っている。日頃は変に格好付けて人目を気にしてしまいがちだが、再会の喜びを隠すのも逆に格好悪い気がして、僕も首に両手を回し返した。

――バリで会えました。

海外旅行において、現地集合は我が家では取り立ててイレギュラーなことではない。今回のように、どちらかが後からやってくるパターンだけでなく、夫婦でそれぞれ別の場所を旅していて途中で合流するケースもある。さらに言うと、現地解散も日常茶飯事だ。

そういう話をすると、しばしば驚かれるのだが、自分たちとしては殊更違和感は覚えない。自宅から一緒に出発するのもいいけれど、旅先で合流した方がむしろ有り難みが増すし、ドラマ性があって嫌いじゃない。それに一人旅と夫婦旅ではまた違った感じになるから、途中で合流する形だと旅を二倍楽しめてお得なのだ。

夫婦に限らず、友だちと現地で待ち合わせするのももちろん楽しい。旅は道連れ、などという使い古された言葉もある。はるばる日本からやってきたヤーマンも加え四人になった。さらにｉＰａｄも手元に到着した。今回は比較的孤独な旅が続いていたが、最後に来て急にお祭り騒ぎの様相を呈してきた。

空港からはウブドへ向かった。

バリは結構大きな島で、どこに滞在するかで旅はだいぶ違ったものになる。夏休みを海と山どちらで遊ぶか悩むのとも似ている。クタやレギャンといったビーチの喧噪も嫌いじゃないけれど、個人的には山派、やはりウブドをイチオシしたい。

自然と共存するだけでなく、そこかしこに寺院が点在し、敬虔《けいけん》な人々が暮らす古都。宗教がさりげなくそっと身近にあって、土地の文化を象《かたど》っている。バリはしばしば「神々の島」などと称されるが、そのことを最も強く実感できるのはウブドだろう。ビーチならバリ以外にもあるけれど、ウブ

「わたし御一行様の間違いでは？」という鋭い突っ込みを受ける。

ドのような場所はバリにしかないと思う。

さらに極めつけというか、ウブドの魅力を特別なものとしているのはその景観美だ。主役となるのは棚田である。ヤシの木など南国の植物に囲まれた中に広がる田園風景に、僕は理屈抜きで心を動かされる。棚田――英語だとライステラス。海を眺め癒やされるのとはまた違う意味でリラックスした旅を送れるのがウブドの醍醐味なのだ。ビーチリゾートならぬ、ライステラスリゾートとでもいえばよいだろうか。

ウブドのホテルを決めるに当たって、最もこだわったのは棚田の景観だった。予約を入れたホテルは、名前を「コマネカアットビスマ」という。街の中心部からは少し外れているものの、なんとホテルの敷地内にライステラスが完備されている。プールやスパ施設はそれら棚田の中に設《しつら》えられ、部屋は当然ながらライステラスビュー。徹底してライステラスリゾートを追求しているユニークなホテルだ。料金もウブドの相場感からするとお高めだが、棚田好きとしては見逃せない存在なのであった。

部屋にチェックインすると、期待以上のロケーションに頬がにやついた。棚田を見下ろせる大きなテラスには、デッキチェアが二つとティーテーブルまで設置されている。

僕は意気揚々とベトナムで買ったダラットワインを取り出した。ワインオープナーやワイングラスまで引き出しの中に用意されていた。とくとくとくと赤黒い液体を注ぎ入れ、無事の到着を祝って乾杯する。太陽に照らされ、稲穂が光り輝いていた。ヤシの葉がそよ風になびき、心地良い天然のBGMを奏でてくれている。決して高級ワインではないのだけれど、味は二割、いや三割増しであった。

究極の棚田ホテル——LCCの旅のフィナーレを飾るには贅沢すぎるホテルかもしれない。とはいえ、そもそも別に貧乏旅行をしたいわけではないのだ。狭い座席でサービスの乏しいLCCに甘んじながらここまで旅してきた。そのおかげで旅費がだいぶ安く上がっていたし、最後に多少奮発しても罰は当たらないだろう。

何より、ここからは一人旅ではなく夫婦旅となるのだった。旅の仕方そのものがガラリと変わりそうな予感がしていた。

部屋のテラスから棚田とヤシの木。そしてプールも。絶景ホテル！

仕事の合間を縫って到着したばかりの奥さんは、リゾート気分丸出しでにやついていた。僕がここまでのLCC旅の苦労話を披露してもさほど興味も示さず、

「それよりさあ、わたしスパに行きたいな」

と目を輝かせ、早くもパンフレットを物色している。

仕方ないので、僕は僕で手に入れたばかりのiPadを開封し、初期設定を済ませる。最近のiPadには、「アイクラウド」というネット上のサーバーにバックアップされたデータから復元できる機能が搭載されている。ホテルの無線LANに繋ぎ画面を数回タップしただけで、自宅に置いてきた古いiPad2のアプリやメール設定などあらゆる環境がそっくりそのまま旅先でも再現された。いやはや、テクノロジーの激しい進化ぶりには改めて舌を巻く。

今朝クタのsisiで手に入れたケースにiPadを入れてみると、サイズもぴったりで嬉しくなった。一緒に買った奥さん用のショルダーバッグをプレゼントしたら、気に入ってくれたようで、さっそくウブドでの街歩きにそのカバンを活用していた。

旅先で何かを買う際には、すぐに使えるものだと購入のしがいがある。いかにもミーハーな感じがするけれど、実際ミーハーなので反論はしない。こういうのは場の勢いが大事なのだ。僕もシンガポールで買ったサンダルに履き替え、「I LOVE SG」のTシャツを着

てみたが、物足りなくなってさらに麦わら帽子をバリで買い足した。ずっと南の国を旅してきたせいか、肌もだいぶ黒くなった。雪国の実家を出たのが遠い昔のことに思えてくる。

「SGって何？」と街をぶらぶらしていたらよく質問された。お土産Tシャツは地元の人たちとの交流のきっかけにもなるらしい。

日本から来たヤーマンとフジフミさんは、ウブドでは別の宿に泊まっていた。基本は別行動ながら、夕食のタイミングなどで待ち合わせる形だ。ずっと一緒に動くのではなく、要所要所で連携できるこのゆるい感じは、旅人仲間ならではである。

人数が多いと、食事の際に色んな料理を味わえるメリットが生まれる。これは逆にいうと一人旅の最大のデメリットでもあった。一人だと食べられる量に限りがあるというか、下手したら一皿頼んだだけでお腹いっぱいになってしまう。メニューのラインナップの中から頭を悩ませて厳選しないで済むのは有り難い。

「バリの人はヒンドゥー教徒なのにお酒を飲むし、牛肉も食べるみたいですね」

「同じヒンドゥー教でもインドとかと比べると戒律は厳しくないのかな。バリヒンドゥーっていうぐらいだし、独特のカルチャーがあるよね」

「バリの人はアジアの中でもとくにセンスがいい気がする。このお店も全体の感じがすごく雰囲気あると思う。たとえば食器とか一個一個のアイテムは普通なんだけど、ディスプレイ方法が上手いというか……」

むっつり押し黙ってフォークを口に運んでいたこれまでとはうって変わって、会話のキャッチボール付きの豪華な食事となった。今まさに旅をしていて思ったこと、見知った情報などを、記憶の新しいうちに誰かと共有できるのは、一人旅にはない旅の醍醐味なのであった。

食後のデザートまでペロリと平らげ、お腹がはちきれそうになった頃合いを見計らうようにして、空がゴロゴロ鳴り始めた。次の瞬間には、バケツをひっくり返したような豪雨が襲ってくる。スコールというやつだ。

そのうちピカッと雷が落ちてきたのを合図に、街の電気がフッと消え、辺りは暗闇に包まれた。やれやれといった様子で、ウェイターさんが蠟燭《ろうそく》をテーブルに持ってきてくれる。慣れっこなのだろう。ひどい嵐に見舞われても、地元の人たちは誰も狼狽えていないのはさすがである。

翻って北国からウッカリやってきた僕たちとしては、困った事態になった。そのうち止《や》むだろうと高をくくって雨宿りを決め込んでいたが、一向に収まる気配はなく、むしろ雨足はどんどん強くなってくる。水はけの悪い道路は、一部川のようになっていて、ホテルまで歩いて帰るのは自殺行為に思えた。

これぞ商機と見たのか、タクシーの運転手がレストランのテラス越しに盛んに営業トークで気を引こうとしてくる。当然のようにメーターでは行かないよと胸を張る。結局三万八〇〇〇ルピアで交渉がまとまった。旅人が四人も集まって頑張って値切った割には、足元を見られた感は否めないのであった。

(19) 旅人たちの宴

翌朝、起床してテラスに出ると、眼下には手の届きそうな距離にライステラスが広がっていた。階段を下りれば本当に手で触れられる。朝、気持ちの良い目覚めを得られるホテルは、無条件でハナマル評価を付けたくなるのだった。

よく手入れされた田園は、なんと農民が住み込みで育てているのだそうだ。朝は仕事時間なのか、その農民のおじさんとすれ違った。菅笠《すげかさ》をかぶり、よく日に焼けた肌は、高級ホテルとは似つかわしくはないのだろうけれど、よくありがちなナントカ村みたいな下手に体裁だけ整えたハリボテ感のあるものよりも、よっぽど潔くて好感が持てる。田んぼの一角には彼らが暮らす東屋《あずまや》も建っていて、写真に撮って見せたら誰もホテルだとは気がつかなそうだ。

朝食を終えたその足で、ホテルの敷地内を散策してみることにした。ホテルの敷地といっても、ちょっとした自然公園並みに広く、部屋には地図まで置いてあった。田園地帯を抜けると背の高い樹木が視界を遮り、ジャングルに迷い込んだような景観に変わった。折角の自然を台無しにしない程度に、さり気なく遊歩道が整備されており、密林探検気分を味わいつつ歩いていったら迷子になってしまった。

敷地の広さの割には客室数がそれほど多くないせいか、人がたくさんいてゲンナリさせられることもなかった。スタッフも皆朗らかで、きめ細かい応対ぶりに文句のつけようがない。

これまで安宿から高級ホテルまで世界中を泊まり歩いてきたけれど、満足度はそれらすべての中でも五本の指に入りそうだ。もうべた褒めである。別にホテルの回し者ではない。ちょいと絶賛しすぎの気もするが、正直な感想である。コマネカアットビスマ、僕にとってはすこぶる幸せな気持ちになれるホテルだったのだ。

田んぼまで徒歩五秒のプールサイドに陣取った。置いてあった浮き輪を借りて水の上にプカプカしていると頭が空っぽになってくる。

「オオ、ビッグベイビー！」

プールの前を通りかかった白人のおじさんにゲラゲラ笑われた。余計なお世話なのである。おじさんのほかにも、日本では見たことのないカラフルな色の小鳥や、トカゲなんかも次々と現れ、目を楽しませてくれた。

水から上がって、デッキチェアにごろんとなった。すっかりリゾートを満喫する態勢に入ってしまった。パラソルが作った日陰に避難しながらであったが、南国の陽射しは想定した以上に手強《てごわ》く、肌の黒さがまた一段階濃くなりそうだった。

持っては来たけれどほとんど読む暇がなかった文庫本を取り出す。旅先での読書には電子書籍端末を持参しているが、紙の本も必ず一冊はカバンに忍ばせている。小説だった。こういう局面では実用書なんかより、物語性の強い娯楽作品が気分だ。

余談だが、最近は実用書やいわゆるビジネス書関係は以前ほど読まなくなった。たとえたいして得るものがなかったとしても、文章そのものが面白いもの、純粋にエンターテインメントとして楽しめる読書体験の方に価値を見出《みいだ》すようになってきた。何が書いてあるかはもちろん最重要だけれど、どういう風に書いてあるかも同じぐらい大事だと思うのだ。

話が脱線してしまった。正直に告白すると、リゾートしているだけだと書くことがないせいだ。

実はリゾート型の旅はあまり得意ではない。落ち着きのない性格なのだろう。同じ時間を使うなら、色々と見て回りたい欲求が勝るのだ。ゴロゴロしている間に、ほかの場所では何か面白い出来事が起こっているかもしれないと思うと気が気でなく、時には損をした心持ちにすらなってしまう。

ツイッターを見ると、ヤーマンが闘鶏場にいると呟いていた。闘鶏はバリでは盛んな伝統賭博なのだが、彼はなんと自分の鶏を購入し試合に出場するのだという。さらにはフジフミさんもウブドでのショッピングを満喫しているようだった。うーむ、みんな楽しそうなのだ。なんだか置いてけぼりを喰った気分になった。

「どこかへお出かけしない？」

隣で同じくゴロゴロしながら活字の世界に浸っていた奥さんに声をかけてみた。彼女は彼女で絶賛リラックス中という感じで、極楽なデッキチェアとの決別に若干の未練があるようだったが、元々のフットワークは僕以上に軽いタイプだ。

「いいよ。お腹も減ってきたし。ここにずっといるのも、もったいないしね」

話がまとまると行動を起こすのは早かった。部屋に戻って軽くシャワーを浴び、すぐにホテルを出発した。街の中心部へ通じる道の途中で見つけた旅行会社でバイクを借りた。一日で五〇万ルピア、保険がプラス一〇万ルピアだった。おじさんがエンジンのかけ方、止め方、スタンドの出し方などを一通りレクチャーしてくれる。もっとも、単なるスクーターである。教えてもらわずとも、運転自体は楽勝だ。

旅先ではたまにこうしてバイクを借りる。街から街への移動を伴う場合には、荷物などもあるからレンタカーにしたりもするが、なんとなく日帰りで街の近郊を巡るようなパターンだとバイクの方が手軽だ。

それにアジアでは、バイクは庶民の日常の足でもある。少し前にそれこそインドネシアの田舎の島を取材した番組をテレビで観た時のことだ。まとまったお金が入ったら何に使いたいかを現地の人に訊いたら「バイク」と答えていた。この旅でも訪れたベトナムでは、バッタの大群のようなバイクの群れに目を瞬かせたりもした。アジアの現地の人たちになった気分で、彼らと近い目線で旅をするのに、バイクほどうってつけの乗り物はないのではないかとさえ思う。

ただし、交通ルールはあってないようなものだ。おまけに日本と比べると基本的に皆の運転は荒いので、万全の注意を要する。

おっかなびっくりハンドルを握っていると、大きなトラックがぐおおおとエンジン音を轟《とどろ》かせ、黒煙を撒き散らしながら煽ってきた。それだけでもちょっとした恐怖なのに、対向車が切れた一瞬の隙を突いて、強引に追い抜こうとしてくる。すぐ真横、わずか数十センチのぎりぎりの距離を併走された瞬間はヒヤリとさせられた。排気ガスが容赦なく顔面を直撃し、目がしょぼしょぼする。サングラスは必須だ。

走り始めたばかりだというのに、ガソリンがぜんぜん入っていないことに気がついた。満タン状態で借りて、満タンにして返すのが常識だという先入観が覆される。案外テキトーなのだ。いや、案外でもないか。

どこかでガソリンが売っていないか、目を皿のようにしてキョロキョロしていたら、砂利《じゃり》道で軽くスリップして青くなった。

「ちょっと！　よそ見してないで、ちゃんと運転してよ！」

後ろの席の奥さんからお叱りを受ける。自分一人ならまだしも、夫婦二人の命運がかかっているのだ。脇見運転をしている場合ではない。

以前にバリに来た時にも同じようにウブドでレンタバイクをした。ガソリンはスタンドではなく、道ばたの商店の軒先に、瓶のボトルに入って売られていたのを記憶している。日本では考えられないが、アジアではよく見かける光景だ。

だから走りながら、そういった店がないかチェックしていたのだが、どういうわけか見つからない。途中で何度か聞き込みをしながら、ようやく辿り着いた給油場所はいたって普通のスタンドだった。近代的な

記念撮影大会をしていたら、現地の人たちに笑われるの巻。

つくりのまだ新しいスタンドだ。英語表記の店のロゴは、田んぼしかないような周囲の田舎っぽい風景からは浮いて見えた。てっきり瓶のボトルで売られていると思い込んでいたから、むしろ意表を突かれたような形になった。

「もうバリもそういう時代なんじゃない？　ウブドの街中もずいぶん綺麗になっているし」

と奥さんが呟いた。確かに、瓶のボトルでガソリンを小売りするような平和な時代は、もはや過去のものなのかもしれない。

今回の旅で初訪問なのはフィリピンだけで、ほかはすべて以前に何度か訪れた場所である。前回の訪問からほんの少し間が空いただけで、記憶を塗り替える必要性に迫られる。アジアの発展のスピードに、塗り替えるペースが追いついていないのだった。

途中で道路脇に何十台ものバイクが停まっていて、なんだろうと思ったら学校があった。下校するのに、家族がバイクで出迎えに来ているようだった。人口密度の薄い田舎だし、歩いて通学できるような距離ではないのだろう。

バイクで旅をしていると、やはり見え方が変わってくるのだった。田園に囲まれた優しい風景の中を、風を切って突き進む。道の両サイドに田んぼがあるから、田んぼを一刀両断するような爽快さがついて回るのも僕たち好みだった。車よりもバイクの方が景色の流れ方はゆるやかで、その土地の空気に直《じか》に触れられる手応えがある。心が和むバリの空気だった。

このまま時間が止まって欲しいと願った。

　適当にだらだら走るだけでも爽快の極みなのだが、とりあえずでも目的地が決まっている方が張り合いはある。まだ行ったことのないタマンアユン寺院を目指すことにした。バリには数多いヒンドゥー教寺院の中でも、最大級でこそないものの、比較的知名度の高い寺院の一つだ。

　久々に観光らしい観光になりそうだった。ウブドの街中から一時間半ぐらいは走っただろうか。到着し、空いているスペースにバイクを停めると、おじさんがつつつと寄ってきて、インドネシア語で何かを言った。

「ええと、なんだろう。駐車料金かな？」

「そんな感じだよね。ティガって言った気がするから、三がつく金額じゃない？」

　覚えたてのインドネシア語の数字の数え方を反芻《はんすう》しながら、奥さんがそう言った。三万ルピアだと高すぎるので、三〇〇〇ルピアだろうと予想し、一〇〇〇ルピア札と二〇〇〇ルピア札を一枚ずつ取り出して手渡す。

　するとおじさんは顔をくしゃっとさせて、一〇〇〇ルピア札だけ受け取り、二〇〇〇ルピア札の方は僕に返してくれた。どうやら数字を聞き間違えたのであるが、ちゃっかり全部受け取らないおじさんの律儀さに清々しい気持ちになった。この手の観光地にしては、擦れていないのだ。

タマンアユン寺院は、無垢なおじさんの心を映したかのような素朴なところだった。観光地としての派手さはないが、圧倒的なのどかさを伴うロケーションが心を弾ませる。どこか間延びした雰囲気が漂い、正統派のアジアの田舎という感じで好印象だ。

寺院とはいえ、門柱や壁などは所々崩れかけており、遺跡と呼んだ方が似合いそうである。寺院のあるムングウィという街は、かつてこの地に栄えた王国の都があった場所だという。タマンアユン寺院は、当時の栄華を残す遺産というわけだ。建立は一六三四年と、日本でいえば江戸時代初期の頃。保全された歴史系スポットとしては、バリの中でもなかなか見応えがあるところだ。

激しい睡魔に襲われつつも、タマンアユン寺院へ無事到着！

個人的な感想を述べるなら、観光客が数えるほどしかいないから、あくせくせずに時間をかけて見学できるのが何より良かった。

のんびりペースで見学しているうちに、心地良さから眠気が襲ってきた。最初は目を擦る程度だったが、やがて本格的に瞼が重くなってきて眠くて眠くてたまらない。午前中プールに入ったりしたからだろうか。慣れないことはするものではないようだ。

出発したのが遅かったせいもあり、寺院を見終わった頃にはすでに日が傾き始めていた。街灯もほとんどない田舎道だし、道も複雑だし、眠いし……ということで、暗くなる前にウブドへ戻ることにした。

帰りはｉＰｈｏｎｅの地図に現在地を表示させ、ルートを検索して簡易的なナビにしてみた。後部座席の奥さんが画面を見ながら、

「次を道なりに右、その次を左に曲がってすぐまた左ね」

とガイドしてくれる。バイクで使ったのは初めてだが、相当に便利な機能だ。目的地までの距離やおおよその所要時間まで分かる。こんな異国の田舎道をバイクで走っていても迷わずに済むなんて、旅人としては益々《ますます》手放せなくなる。

街が賑わいを増していると感じたのは、ウブドの中心部に戻ってきて、王宮の前の道を通りかかった時だった。

「あっ、あそこ見て！」

後ろから奥さんが指差した方向を見遣る——あっ。

バリヒンドゥーの正装姿の若者たちの一団が御輿《みこし》を担ぎながら、こちらへ向かってくるのが確認できた。お祭りか何かのパレードのようだった。バイクを道路の脇に停め、パレードを見物することにした。太鼓のような楽器を叩きながら進んでくる青年や、頭の上にお供え物の花を載せている女性もいた。着飾った男女が次々やってきて、王宮の中へと吸い込まれていく。柵越しに中の様子を偵察すると、敷地内では楽器隊が音を奏で、広場を囲むようにして観客たちが車座になっていた。

「セレモニーみたいなのが始まりそうだね」僕は呟いた。

「中へ入らない？　外国人もちらほら入ってるみたいだし」

お祭り好きの奥さんが目を輝かせて言った。

入口の横にサロン（腰巻き）を借してくれるブースが出ていた。

「日本にしばらく住んでいたんだ」と胸を張るおじさんが、巻き方などを丁寧にレクチャーしてくれた。とはいえこれが結構難しくて、結局全部おじさんにやってもらうという情けないオチがついた。

バリでは観光客向けの伝統芸能のパフォーマンスも多いけれど、正真正銘のローカルの祭りのようだった。「オダラン」という名の祭礼である。

繰り広げられる奉納舞踊などを地元の見物客に混じって観賞させてもらった。当然ながら入場無料だし、サロンの貸し出しもタダである。こういう土地の重要な宗教儀式を、異国からの観光客にももったいぶらずに開放しているところに、バリの人たちの気さくさと、同時に自分たちの文化に対する自信の表れのようなものを感じたりもするのだった。

この日の夜は、ヤーマンやフジフミさんが泊まっている宿で夕食会を開くというので、お呼ばれされた気分でいそいそと訪れた。「ルナ・ゲストハウス」という名前の宿だ。

お庭に面した開放的で広々としたリビング

偶然通りかかったお祭り。ちゃっかり見学させてもらった。

には背の低い長テーブルが置かれ、インドネシア産のビンタンビールやサテ（焼き鳥）などのつまみ類がずらりと並んでいた。なにからなにまでパーティのお膳立てをしてもらい、あとは食べるだけという段になって現れた僕たちとしては恐縮しながら席に着く。

椅子ではなく地べたに胡座《あぐら》をかいてリラックスできる仕様なのがまた、日本人の琴線に触れた。日本人の女将さんとバリ人の旦那さんが家族で経営するゲストハウスなのだ。旦那さんには空港からウブドまで送ってもらう際に一度お会いしていたが、日本人の女将さんの方は、はじめましてである。

「ややあどうもどうも」と型通りの挨拶をしてみたものの、話をするうちに実は以前に日本で会ったかもしれないという驚くべき事態が判明した。

話は僕たちがかつて世界一周旅行をしていた時分に遡る。トルコで仲良くなって意気投合した日本人男性がいた。その彼は、単なる旅行ではなく、料理の修業を兼ねて日本を出てきていた。旅人には個性的なタイプが多いが、料理人の修行旅というのも相当珍しい。とりわけ印象に強く残る出会いとなった。

旅を終えて帰国してから、その彼からメールが届いた。念願だった自分のお店を横浜でオープンしたという。僕たちは何度かその店に行った。やがて彼は結婚することになり、結婚パーティにも参列させてもらった。その結婚パーティに、バリのゲストハウスを経営するご夫婦も来ていたというのだ。

話がややこしくなったので整理すると、要するに共通の旅人の友人がいて、どうやらその結婚パーティで顔を合わせていたらしいご夫婦が経営するバリのゲストハウスで宴が始まったのであった。世界は狭い！　旅人の世界はもっと狭い！　旅を続けていると、ふとしたきっかけから人と人が繋がることも少なくない。こういう意図しない不思議な縁が積もりに積もるのは、旅の醍醐味の一つなのだろう。

打ち解けるとさらに話が弾んだ。昔からの知り合いに会ったような気分で、懐かしさが募った。山羊《やぎ》のスープは絶品で、メインの鶏肉も大量飼育のブロイラーが主流の日本ではまず味わえないだろうぷりぷりの食感と、肉そのものの味の濃さにほっぺたが落ちそうになる。ご満悦な気分で図々しくもビールの杯を重ねていった。

たまたま隣の宿に泊まっているという日本人の若者が、僕たちの隣の席に座っていた。聞くと、なんと初めての海外旅行なのだという。

「なんで初海外をバリにしたの？」奥さんが好奇心の目で水を向けた。

「いやあ、特別な理由はないんですけど。直感といいますか……」若者は頭を掻きながら、恥ずかしそうにそう語った。悪くない回答だと思った。直感に頼って行動できるのは旅人の特権でさえある気がする。

宿のご夫婦の長女だという少女が、大人たちの会話の輪から外れ、猫ちゃんと戯れている光景につい目を細めてしまう。子どもや猫が登場すると、一気に場が和むのは世界共通だ。ヤーマンは闘鶏で手痛い負けを喫したらしく、憮然《ぶぜん》とした表情で黙々とスマートフォンをいじくり回していた。何をしているのか、もはや誰も質問しないのが可笑しい。フジフミさんはこの後、深夜便で帰国の途につくのだと名残惜しそうにしている。昼間市場で買ってきたんです、と食後のいい頃合いを見計らってマンゴスチンをテーブルの上に広げたのを、遠慮なくいただいた。相変わらず気が利くのだ。こうして宴の楽しい時間は加速度的に過ぎていったのだった。

それにしても、例の共通の友人である料理

ビールが進む。会話が弾む。思いがけない出会いもあった。

人旅人とトルコで出会ったのは、かれこれ一〇年近くも前のことだ。彼は横浜に店を構え、目の前にいる女将さんはバリに宿を開いた。彼らが眩しいぐらいに輝いて見えた。羨望という言葉で言い換えてもいい。

翻って僕自身はどうなのか——。

いまだに懲りずに旅を続けている。旅しかしていないとさえいえる。最初の世界一周のような長旅ではなく、今では拠点を東京に置いているとはいえ、ほとんど毎月のようにどこかへ出かけているから、どちらが日常なのかたまに分からなくもなる。

こうして旅のことを書くようになったのも、その一〇年前の旅からだった。当時は自分たちのホームページに、旅先から旅行記をアップし続けていた。

旅をして、旅のことを書く。一〇年前とやってることはたいして変わっていないのだ。一〇も歳を取ったけれど、根本的には何も成長していないのかもしれない。

まあでも、当の本人としてはこんな刹那的な生き方にも満足はしている。

いったい、いつまで旅を続けていくのだろうか——しばしば自問を繰り返す。

新天地になり得るユートピアが定まるまでか。旅よりももっと魅力的な新しい何かを見つけるまでか。具体的にいつまでとは、今すぐにいえるべくもない。

LCCを乗り継ぐこのアジアの旅は間もなく終わりを迎えようとしている。楽しいことも辛《つら》いこともあった。いや、辛いことなんて、せいぜい飛行機の座席が狭かったことぐらいか。楽しいことだらけの旅だった、といったほうが正解に近い。

楽しかった経験はいい意味でのトラウマになる。旅が終着地へさしかかった寂しさとは裏腹に、早くも次の旅へ向けての意欲みたいなものも芽生えてきていた。いつもそうして、旅立ちを繰り返してきたのだ。一つの旅の終わりは、一つの区切りにしかすぎない。性懲りもなく、またきっとどこかへ出かけるのだ。

旅を人生に喩えるなら、さしあたっては僕にとっての旅の終わりなんて、ちっとも見えてこないのだった。とりあえずはまだまだ旅は続いていくのだろう、という漠然とした予感と期待を抱きながら、ウブドの夜が更けていった。この旅で最もビールが美味しいと感じた夜だった。

最終章　マレーシア〜東京羽田

(20) LCCの聖地より

次の目的地が日本となると、メランコリックな気分にもなる。楽しすぎた旅だとなおさらだ。行きはよいよい、帰りはこわい——そんな童謡じゃないけれど、出発時のテンションの高さとは比べるべくもない。帰ったら帰ったで仕事が山積みだろうし、南国の気候に適応しきってしまった身体に東京の寒さは恐怖でもある。

ああ、帰りたくない。このままずっと旅していたい。

憂鬱《ゆううつ》だけれど、帰らねばならなかった。

物語的にはバリの話で大団円とし、サッパリと完結とする方向でも小綺麗にまとまりそうだけれど、これはあくまでもLCCの旅行記である。最後、つまり日本に帰国するまでを書ききらないと尻抜けとなってしまう懸念も拭《ぬぐ》えない。

というわけで、締めくくりとしてバリから日本へ向かう話を記したい。

東南アジアから東京へLCCで帰るには、現状の選択肢は一つだけである。エアアジアXのクアラルンプール発、羽田行き。直行便ではなく、中国や韓国を経由する方法も考えられるが、そうすると蛇足の蛇足となってしまう。ただでさえ沈鬱な帰国便である。ここはサクッと一気に帰ってしまいたかった。

バリからは、インドネシア・エアアジアでいったんクアラルンプールまで出て、乗り継ぐ形になる。バリではなく、ほかの東南アジアの都市から帰るとしても、網の目のように路線が張り巡らされているエアアジア・グループの便なら、ほとんどがクアラルンプールを結んでいる。クアラルンプール、長い名前なので以後略称の「ＫＬ」と表記するが、ここは東南アジア地域のＬＣＣにおいて、最大のハブなのである。

いかにもＬＣＣらしいと感じたのは、バリのデンパサール空港発が朝の六時とかなり早い時間帯だったことだ。二時間前チェックインとすると、なんと四時には空港へ行かなければならない。

そこで帰国の前日は、より空港に近いヌサドゥアまで移動して一泊することにした。ウブドからだと、どんなに早くても空港まで一時間はかかってしまうのだ。空港至近なエリアとしてはクタの方がより近いのだけれど、到着した日にもクタには一泊していたので、河岸《かし》を変える意味でヌサドゥアに宿を取った。

ウブドを出発する朝は去りがたい気持ちが怒濤《どとう》のように押し寄せてきた。チェックアウトし、ホテルのフロントでヌサドゥアまでのタクシーについて訊いてみると、なんと六五ドルもするという。さすがは高級ホテル、いくらなんでも高すぎる。

僕がうーん、うーんと渋っていると、

「街のタクシーなら三〇万ルピアぐらいで行ってくれるかもしれません」

とフロントのスタッフが教えてくれた。自分たちの利益を度外視したある意味掟破《おきてやぶ》りな親切心に感謝である。

去り際にはベルボーイの男が、部屋に置いてきたワインボトルを持って追いかけてきた。半分ぐらい残っていたが、さすがに飲みかけのワインを持っていくのもどうかと思い、部屋に置き捨てにしたやつだ。そもそも、ホテルのミニバーのワインではなく、勝手に持ち込んで飲んでいたものである。律儀で優しいスタッフに頭が下がる思いだった。

外に出て捕まえたタクシーは、言い値が教えられた通りのまさに三〇万ルピアで、僕は即決した。折角持ってきてくれたので、飲みかけのワインボトルを手にしながら乗車した。外れないようにコルクをギュッと握りしめたそのままの体勢で、ヌサドゥアのホテルにチェックインしたら、そばにいた白人の旅行者にギョッとされてしまった。

ヌサドゥアで泊まったそのホテルも、いかにもバリらしいコテージタイプのリゾート感溢れる所だったが、ウブドのホテルがあまりに良かったせいで相対的に評価は厳しめになった。移動のための仮の宿としては贅沢すぎるほどなのだが。

内陸のウブドにいたので、海に面したヌサドゥアは新鮮だったが、あいにく天気が悪かった。高曇りしており、何度か驟雨《しゅうう》にも見舞われた。そもそも、ビーチとはいえヌサドゥアのそれは海の青さも砂浜の白さも今ひとつという印象だ。

「最後ぐらい、いいもの食べようよ」

と奥さんにねだられ、それなりにちゃんとしたレストランでディナーとなった。考えたら、この旅ではほぼずっと一人だったから、食事は屋台やフードコートで済ませることも多かった。チップまで必要なレストランへ入るのは初めてかもしれない。

ＢＵＭＢ　ＢＡＬＩという、インドネシアのレストランアワードに昨年輝いたという名店だった。メニューはコース料理のように書かれていたが、肉、魚、野菜などの伝統料理が一品ずつ小皿に入ってズラーッと出てきて、取り分けながら食べる方式のようだ。バラエティ豊富で、複数の味を一度に楽しめるのは食いしん坊の我が家向きといえた。二人前で四五万ルピアは、バリの物価感覚からすると多少勇気の要る金額だったけれど、クオリティを考えたら破格な部類に入るだろうか。

何より最後の晩餐《ばんさん》である。帰国便も夫婦別々なのだ。折角合流したものの、バリからは現地解散となる。僕が早朝に出発したあとも、奥さんは夜までバリで一人滞在することになっていた。

僕は昨晩のゲストハウスでの宴で聞いた話を回想する。

「昔からよく言われる話ですけど、バリに来る日本人女性がバリ人の男にモテルというのはいまだにありますね。ただ、彼女たちも満更ではないみたいで……。とくにアラサーの独身女性は危ないですね。うちに泊まったお客さんにも、出会って三〇秒で恋に落ちました、なんて子もいましたし」

宿の女将さんがそんなことを語っていたのだ。バリといえばジゴロのような男たち、いわゆるビーチボーイなどもよく知られる。一部の女性旅行者にとってはその種の目的を少なからず兼ねた旅行先でもあるのだろうか。

「ナンパとかされてもついていかないようにね」

冗談半分でいちおう釘を刺しておいた。うちの奥さんに限っていえば、あり得ないとは思うけど、オオカミだらけのバリに一人で残していくのは気がかりでもあった。

「ついていくわけないじゃん。つうか、超面倒くさいよね、そういうの。ＨＩＳのジャンパーとか売ってないかな。あれ着てたら、たぶん声かけられないで済むよね」

ＨＩＳのツアースタッフをバリではしばしば見かけていた。確かにあのジャンパーを着ていたら、ビーチボーイの魔の手からは対象外扱いされるだろう。それにしても、我が妻ながらなかなか機転の利いた切り返しである。

目が覚めたきっかけは、セットしていた目覚ましの音なのか、窓を打ち付ける雨の音なのかは定かではなかった。寝る直前に雨が降り始めたのを思い出す。時計を見たら深夜三時を回ったところだった。ずっと降り続けていたのだろうか。

眠い目を擦りながら部屋の電気を点《つ》け、ごそごそと荷物をまとめていると、奥さんがむにゃむにゃしながら「もう行くの？」と薄目を開けた。

「そろそろ行かなきゃ。なんか雨がすごい降ってるし、そのまま寝てていいよ」

僕は遠慮気味に言った。いやいやお見送りするよ、と起きてくるような健気《けなげ》さを期待した訳ではないが、それを聞いて奥さんは「気をつけてね」とベッドの上から別れの言葉を眠そうに呟いただけだった。

「そっちもね。じゃあ次は日本で」

アッサリとしているが、どうせ明日になればまた東京の自宅で会えるのだろうから、惜しむような別れでもない。

ドアを開けると、予想以上の雨の降りっぷりにしばしボー然と立ち尽くしてしまった。街灯の仄《ほの》かな明かりに照らされた夜の闇の中に、止めどなく降り注ぐ雨の飛沫《しぶき》が糸こんにゃくのように細い白い線となって映し出される。

こういう時にコテージタイプの宿は面倒だ。ホテルのフロントまでは、屋外を歩いて向かわなければならない。ベルボーイを呼ぶのも大儀な気がして、部屋に備え付けの傘を開き、そのまま水溜まりを避けるようにしてフロントへ向かった。

タクシーに乗って空港へ出発すると、道はすでに川のようになっていた。日本だったらほとんど洪水といっていいレベルだが、ここではよくある光景なのだろう。運転手は平然とした顔を浮かべている。水陸両用車でもないのに、タイヤの一部を水没させる形で黒々とした水溜まりを掻き分けながら、のろのろと走っていく。

空港の出発ロビーへ入ると、寝静まった空間の中で一ヶ所だけ明かりが灯り、開いているカウンターがあった。この日最初の便なのだろう。ぽつぽつと集まり始めた乗客たちのほとんど全員が、インドネシア・エアアジアのカウンターを目指してやってくる。明らかに損な時間帯の便だけれど、割り切って運賃の安さになびいたLCCの乗客たちだった。

欠伸を嚙み殺しながら列に並んだ。カウンタースタッフの女性は、例のエアアジアのシンボルカラーである真っ赤な制服に身を包み、こんな朝っぱらだというのに、濃い化粧を決めていたのが印象に強く残った。

クアラルンプールからは、同じグループのエアアジアXに乗り継ぐのだが、普通の航空会社のように通しでチェックインして、荷物を羽田まで一気に預けることはできない。LCCの難点の一つだ。

もう見慣れた感熱紙の搭乗券を受け取り、イミグレーションへ向かう。出国審査の前にブースが出ており、なんと空港税をここで支払うのだという。それも一五万ルピア、米ドルだと二五ドルも取ると聞いて、呆れてしまった。

入国時にも確かビザ代で二五ドルを支払っていた。合わせて五〇ドルか。うーむ、ずいぶん強気なのだ。もう不要だろうと、残っていたルピアは奥さんに全部渡してしまっていた。米ドルの持ち合わせも尽きている。ほかの通貨でもいいというので、泣く泣く日本円で支払った。

制限エリア内の免税店などは完全にクローズしていて、建物内は廃墟のように静まりかえっていた。椅子の上には、空港職員がゴロンと横になっている。この空港もだいぶ年季が入っているらしく、全体的にぼろっちくて設備の老朽化や汚さが目につくのが哀愁を誘った。現在新しいターミナルを建設中とのことなので、次に来る時にはマシになっていることを期待したい。

飲み物だけでも入手したいところだが、一軒だけ開いていた小さなカフェで紙パックのジュースを買おうとしたら、三ドルもした。空港内だから多少高いのは覚悟の上だけれど、街中で買うのの一〇倍近い値段には辟易させられる。

飛行機は沖止めで、バスに分譲してタラップを上り搭乗する形だった。座席に落ち着くなり空気式の首枕を膨らませ、ふて寝の態勢に入った。離陸し水平飛行に入ったら、乱気流の影響なのかグラグラッと機体が何度も揺れて、その都度ハッと目が覚めたが、なかば意地になって眠り続けた。

LCCのアジア旅をすると決めて、ここだけは絶対に訪れようと思っていたのがKLだった。より正確に言うなら、KLの空港だけは外せないと考えていた。お目当てはLCC専用ターミナル、その名も「LCCT」だ。

アジア最大のLCCエアアジア・グループの拠点となるKLが誇る、世界でも数少ないLCCの運用に特化した空港の一つである。誇る、などと書いたが、ローコストをウリにするLCC用なのだから、豪華な設備を保持するわけではない。たいして期待はせずに訪れたのだが、いい意味で裏切られる格好になった。

到着するなり、その建物の規模の大きさにまずは目を瞬かせた。倉庫を改装したようながらんとした無機質な空間ながらも、アジアの巨大空港に匹敵するサイズ感は、エアアジア・グループを中心とするLCC各社の膨大な便数と、それらを利用する乗客たちを捌ききれるキャパシティを優に備えているように思える。LCCTの旅客数は、KL空港のメインターミナルをとうとう抜いてしまったと聞く。実際に目の当たりにすると、なるほどなあという感じだ。

それにローコストとはいえ、空港内の施設はなかなか充実している。マクドナルドやスターバックスといったお馴染みのチェーンはもちろんのこと、手頃な値段でマレー料理が食べられるフードコートや、携帯電話会社のカウンター、ヨーロッパの空港にありそうなお洒落な雰囲気の書店など、意外なラインナップだ。少なくともデンパサールのおんぼろ空港よりは遥かに豪華に見えた。

入国審査のブースもたくさんあって、ほとんど並ばずに自分の番になった。預けていた荷物も迅速に出てきた。快適そのものなのである。

目を瞠ったのは、飛行機からターミナルまでの移動方法だ。タラップを下りると、すぐ

飛行機を降りたら、こんな通路をてくてく歩いて建物へ向かう。

目の前に屋根付きの通路があって、そこをてくてく徒歩で歩いて建物内に入る仕組みになっていた。搭乗橋でなければ、バス分譲型でもない。歩く距離はたいしたことないので、とりたてて不便は感じない。ここまで徹底していると潔いというか、ある意味、最も効率的な移動方法ともいえるだろう。

羽田行きの便が出るまでに、およそ五時間の乗り継ぎ時間があった。改めてチェックインとなるので、二時間前にはカウンターへ行くとして、三時間の余裕がある。強引に街まで出られないことはない。この旅最初の寄港地であった台北でも、たった三時間の乗り継ぎなのを、無理を押して夜市まで繰り出したりもした（そのせいで、危機一髪のピンチに陥ったのだけれど）。

LCC専用と聞いて想像した空港のイメージとは一味違った。

少し悩んだが、結局街まで出るのは断念した。KLは空港から市内までがだいぶ離れている。バスは頻発しているようだが、道が渋滞していたら目も当てられない。でも、止めた最大の理由は、空港が予想外に立派だったからだ。わざわざ市内まで出ずとも、この空港自体が一つの見所として楽しめそうに思えたのだ。

フードコートでカレー味のラーメンを啜り、カフェで電源を確保しながらたまっていた仕事を少し進めた。空港内をくまなく見て回った。エアアジアのオフィシャルグッズショップなんかがあって、興味深く冷やかし歩いた。

ツメが甘いというか、いい加減なところもあった。多数の出発便を抱えるだけあって、フライト状況を表示するモニターが一画面に入りきらず複数になっているのだが、それぞれの画面の現在時刻の表示が見事に一致していなかった。空港ほど時間が重要な意味を持つ場所もないと思うのだが、良くも悪くもアジアらしい流儀なのだろうと、好意的に解釈することにした。

アジアの旅は、僕にとっては心安らぐ旅といえた。サッカーに喩えるなら、ホームでの試合のようでもあった。新鮮味はないけれど、この抜群の居心地の良さはヨーロッパやアメリカを旅するのとはまた違った手応えを感じる。

感慨に浸っているうちに、あっという間に搭乗時間が迫ってきた。羽田行きの便が出る搭乗口のすぐ隣は、ソウルの仁川行きのようだった。係員が搭乗券を確認している。前に並んでいた乗客のチェックが終わり、僕の順番になった。搭乗券を差し出すと、係員はハッとした表情を浮かべ、先に通り過ぎた乗客に慌てて駆け寄った。

——なんだろう。訝っていると、その乗客が連れ戻された。なんと隣の仁川行きの乗客だったらしい。そのまま乗ってしまったら大変なことになる。

駐機場には同じ真っ赤なペインティングのエアアジアの機体ばかりが停まっている。どれもまったく同型の機体だし、バスのように飛行機の外側にご丁寧に行き先が書かれているわけではないから、間違えて乗ってしまったら、案外気がつかなさそうだなあ、と苦笑した。笑い事ではないか……。

羽田行きのエアアジアXのその便は、予想に反してずいぶんと余裕のある座席レイアウトだった。これまで乗ってきたLCCとは違い、前の座席の背もたれに膝が支えることもない。「X」がつく中長距離路線限定のブランドだけに、LCCとはいえ最低限の快適性には気を遣っているのかもしれない。

英語のアナウンスに続いて、日本語での放送も流れたのを耳にして、いよいよ帰国するのだなあと実感が湧いてきた。シートベルトを装着する瞬間には、寂寥感《せきりょうかん》も込み上げてきた。

旅が幕を閉じようとしていた。

長くはないが、短すぎもしない旅だった。

最後のフライトは足取りが重くなる。あーあ、旅が終わっちゃう。

あとがき　LCC雑感にかえて

いまさらなのである。

LCC——ローコストキャリア。初めて存在を知ったのは一〇年も前に遡る。たしかパリだったと記憶している。世界一周の長旅の途中だった。

——パリ〜ロンドン、一ユーロ！

見慣れない航空会社のロゴと飛行機の機影と共に、そんな宣伝文句が大きく書かれた広告ポスターに目が留まった。

「一ユーロって……。そんなに安く飛行機に乗れるのか」

当時の僕たちの常識からすると、あまりに型破りの金額すぎて俄には信じられなかった。今にして振り返ると、それがLCCと呼ばれる新興の航空会社とのファーストコンタクトであった。

世界一周から帰国して一年後、最初に出かけた海外旅行は目的地がオーストラリアだったが、その旅でもさっそくLCCを体験することになった。航空会社の英語のサイトと格闘しながら、日本からネットで予約・発券して破格の運賃にありつけ、ぐふぐふとほくそ笑んだのを覚えている。

以来、LCCは僕にとって、旅の選択肢の一つとして身近なものとなっている。とくに週末海外を繰り返す中で頻繁に訪れたアジアの地では、たびたびお世話になった。長距離バス並みの運賃で、気軽に空の旅が実現できるのは単純に魅力だった。

「空の旅」などという気取った呼び方よりも、「安価な移動手段」とでもいったイメージを抱かれがちだけれど、やはり旅には変わりない。同じ旅をより安く上げられるとなれば、旅の可能性を広げる画期的なものとして前向きに捉えたいところだ。

翻って、我が日本はどうかというと、しょっぱい状況が続いてきたのは否めない。折に触れてメディアなどでも取り上げられ、少しずつ認知されてはきたものの、一部の旅マニアや、海外へよく行くような人を除けば、一般的には「なにそれ？」という認識の方が支配的だったように回想する。

二〇一二年、満を持して国産のLCCが就航した。今度こそ本当に「LCC元年」となりそうな予感を察知して、静かに拍手を送った旅人はきっと少なくないだろう。先陣を切ったピーチ航空に、僕もさっそく予約を入れた。本書はその搭乗場面から物語が始まっている。

いまさら、という意味でいえば、ＬＣＣの本自体も我ながらいまさら感があるのは自覚している。とくにこの一年で急速な勢いで出版点数が増えた。本だけでなく、雑誌の特集や、テレビなどでも盛んに取り上げられるようになった。

そんな中であえて本書の企画を思い立ったのは、それらのことごとくがＬＣＣそのものにフォーカスしたものだったからだ。

要するに、ＬＣＣとはなんぞや、という紹介である。

従来からは考えられない低運賃を実現した新興の航空会社である。なんで安いのか、どういう仕組みなのか、どうやって予約するのか、安全面はどうなのか……などなど。判で押したように似た内容の紹介を繰り返してばかりで、勿体ないなあと思っていたのだ。

日本人からすると謎のベールに包まれていた存在であるから、もちろんそういった基本的な部分でのフォローは重要なのだろうけど、どうせいまさら本にするのなら、僕はまた違った視点からアプローチしたいと考えた。

ＬＣＣを利用することで、どんな旅が可能なのか――。

一言でいえば、これこそが本書のテーマである。存在そのものに物珍しさはあるとはいえ、ＬＣＣとは突き詰めれば航空便の変化形にすぎない。いわば旅のツールの一つにすぎないのだ。それ以上でも、それ以下でもないと思う。

ツールはあくまでもツールであり、それ自体が目的になることはない。少なくとも僕としては、そのツールを使うことで旅をどう発展させられるか、の方により興をそそられるのである。

本書では、ＬＣＣとはなんぞや的な基本部分のおさらいも意図的に織り交ぜるようにはしたけれど、伝えたいことの本質はもっと別のところにある。最後までお付き合いいただいた方々に、誤解なく伝わってくれていると良いのだが。

ＬＣＣを語る際に、真っ先に触れられるのは運賃の安さだ。断言したが、そのこと自体にはまず異論はないだろう。僕もあえてＬＣＣを選ぶ理由として、抗《あらが》いがたい安さへ対する執着心があるのは否定しない。

一方で、もう一つ、忘れてはならない魅力がある。

それは、片道から気軽に購入できるというシステムだ。

国際線航空券の世界では、片道切符はマイナーな存在だった。というより、そもそも日本において、片道の航空券なんてほとんど売られていないに等しい現状がある。正規運賃であれば片道でも購入できるが、割引運賃や格安航空券になると、往復チケットであることが大前提で、下手すると往復よりも片道で買う方が高くついてしまう。

日本から目的地へ行って帰ってくるだけの単純往復の海外旅行であれば、問題はないのだろうが、自由な旅を志す者にとってはこれは大きな足かせとなっていた。一部の周遊チケットや、マイレージの特典航空券など、周遊型の旅程を組める選択肢もあるにはあるが、それらは例外である。

好きに旅程を組み立てて、一ヶ所ではなくあちこち回りたい——我が儘な欲求を満たしたい旅人にとって、片道から気軽に買えるLCCの特性は歓迎すべきものなのだ。

そう、アジアを周遊するという本書のような旅は、まさにLCCだからこそ、なしえた旅なのである。LCC万歳！　と快哉《かいさい》を叫びたい。

片道から自由に手配できるLCCの利点を生かした企画として、LCCだけで世界一周する内容のものを本や雑誌などで散見する。それはそれで興味深いし、目を引くネタには違いないが、僕には率直に言ってどうしても魅力的に思えなかった。

LCCの路線網は拡大しているが、大陸間を飛ぶような長距離路線に関してはまだまだ発展途上だ。現に太平洋を北米から東アジアまで横断するLCCは存在しない。そういえばエアアジアXがロンドン線、パリ線を運休してしまった。エアベルリンもバンコク～ベルリン線を自社運航から他社便によるコードシェアに切り替えてしまった。アジアから欧州を結ぶ貴重なLCCの長距離路線だが、もともとLCCとしては採算が取りにくかったことに加え、燃油代の高騰や欧州の経済危機の影響を受けて涙の撤退となった。

近頃メディアで目にするLCC世界一周系の企画では、北米西海岸から日本に戻るのに、オセアニアをいったん経由するルートを取るものが多いようだ。太平洋路線がないから行き詰まってしまい、苦肉の策としてあえて遠回りするしかないのだろう。形だけでも世界一周とするためには仕方ないし、あくまでも企画としてはアリだけれど、どうしてもわざとらしさが透けて見える。僕たち一般の旅行者が真似するには、世界一周するなら別にLCCにこだわらない方がむしろ現実路線なのではないかと、僭越《せんえつ》ながら余計なお世話を焼きたくなるのだった。

一見地味に思えるかもしれないが、今回アジアに限定したのは、企画うんぬんとは関係なく、一般の旅行者が実際に実現可能かどうかという視点で見た時に、間違いなくオススメできる旅の形だと考えたからだ。夢物語ではなく、やろうと思えば現実に誰でもこんな旅が叶《かな》えられる。それも格安で、だ。

長距離路線のLCCが流行らない現実とは裏腹に、短距離、中距離に関しては、既存のフルサービスキャリアを脅かすまでにLCCは路線網が拡大を続けている。

色々乗ってみた実感として、座席の狭さなど、目をつむらねばならないデメリットもあることを鑑みると、二～三時間ぐらい、長くても四時間程度の飛行時間で行ける範囲がLCC

の適正距離とも思える。

アジア内であれば二〜三時間の移動を積み重ねながら、かなり多くの街を巡ることができるのだ。アジアの一員である日本を起点とする限りは、アジア内を周遊するプランこそが、地の利を踏まえたＬＣＣの効率的な活用法だともいえるだろうか。

今回訪れたのは計七ヶ国だ。マレーシアは空港に立ち寄っただけだが、一応事実として入国はしているので、若干反則気味なのを承知で七ヶ国としておく。それだけ欲ばった行程を一筆書きの要領で結ぶ旅なんて、ＬＣＣ以前には実現するのは難しかったのだ。ＬＣＣさまさまである。

すべての行程を合算すると、かかった航空券の運賃総額は約三万五〇〇〇円であった（日本国内線は除く）。税金や燃油サーチャージといった諸費用、ＬＣＣならではの機内預け荷物料などもすべて込みだと約六万五〇〇〇円。保険や座席指定といったオプションを省けば、もっと安く済む。やはり運賃の安さは特筆すべきものだ。

別に一度に七ヶ国も回らなくたっていい。人によっては二〜三ヶ国でも十分かもしれない。旅の日数や、各自が関心のある行き先によって自由に組み立てればいいだろう。いずれにしろ、アジア内を回るだけであれば、肩肘張る必要はない。路線の選択肢も膨大にある。単純往復ではない、周遊型の旅行を体験するならまずはアジアはどうだろうか。そのためのツールとして、ＬＣＣという便利なものを使ってみてはどうだろうか、という実践的かつ提案型の本なのである。

それに、個人的には同地に対して並々ならぬ愛着を抱えているのも、本書の旅の舞台にアジアを選んだもう一つの理由でもあった。思い入れの片鱗《へんりん》について本文中に随所で触れたつもりだが、自分にとっては、これまでの数え切れない回数に及ぶアジア旅の、現時点での総決算的な意味合いも込めた旅だったことをここに記しておく。


本書の旅は、二〇一二年三月時点でのものである。ピーチ航空に引き続き、間もなくジェットスター・ジャパン、エアアジア・ジャパンが国産ＬＣＣとして就航予定で、ますます旅が身近なものになりそうな手応えを感じている。

第一章で我が国のＬＣＣの拠点が関西であることを嘆いたけれど、ジェットスター・ジャパンやエアアジア・ジャパンに関しては、成田からの便が用意され、関東圏在住者にとってもようやく冬の時代が終わりを告げようとしていることも付け加えておきたい。欲をいえば成田ではなく羽田から発着するということはないのだが、これまでの経過を慮れば大きな前進である。また成田空港にＬＣＣ専用ターミナルの建設も正式に決まったと、本書の原稿を執筆している最中にニュースで目にした。

僕もさっそくジェットスター・ジャパンの成田便に予約を入れたところだ。プロモーション料金で沖縄までなんとたったの一円だった。パリ～ロンドン間一ユーロの広告を目にしてから一〇年。いよいよ日本もスタート地点に立った。

最後に、本書の担当編集であり、また旅好きとしては同志でもある幻冬舎文庫編集長・永島賞二さんに大変お世話になりました。この場を借りて厚くお礼申し上げます。さらに恒例化してきたけれど、本書でもたっぷりネタにさせてもらった奥さんこと松岡絵里にもありがとうと書いて、今回も旅のフィナーレとさせてください。

二〇一二年五月八日　ＧＷは終わったけど時差ボケは終わらず

吉田友和

今回の旅で利用したLCC全フライト

■フライト1
ピーチ航空　APJ102便
09:20 札幌（新千歳）発　11:35 大阪（関西）着
7,330円（運賃6,280円＋荷物1,050円）

■フライト2
ジェットスター・アジア航空　3K722便
17:15 大阪（関西）発　18:55 台北（桃園）着
11,050円（運賃3,500円＋燃油3,500円＋諸税2,650円＋荷物1,000円＋座席指定400円）

■フライト3
セブパシフィック航空　5J311便
01:25 台北（桃園）発　03:35 マニラ着
TWD 2,131.86≒5,787円（運賃TWD 1,048＋諸費用TWD 601.77＋荷物TWD 248＋保険TWD 174.09＋手数料TWD60）

■フライト4
タイガーエアウェイズ（SE Air）　DG7212便
12:35 マニラ（クラーク）発　14:50 バンコク着
PHP 3,330≒6,049円（運賃PHP 2,400＋諸費用PHP 530＋座席指定PHP 150＋手数料PHP 250）

■フライト5
タイ・エアアジア　FD3720便
15:55 バンコク発　17:30 ホーチミンシティ着
THB2,811≒7,155円（運賃THB1,390＋燃油THB100＋諸税THB700＋荷物THB370＋座席指定THB65＋保険THB96＋手数料THB90）

■フライト6
ライオンエア　JT157便
13:40 ホーチミンシティ発　16:30 シンガポール着
USD69≒5,476円（運賃USD9＋諸費用USD60）

■フライト7
バリューエア　VF241便
07:25 シンガポール発　10:05 デンパサール着
SGD 127≒7,912円（運賃SGD 70＋諸費用SGD 28＋荷物SGD 17＋座席指定SGD 4＋手数料SGD8）

■フライト8
インドネシア・エアアジア　QZ8391便
06:00 デンパサール発　09:00 クアラルンプール着
IDR900,000≒8,237円（運賃IDR629,000＋燃油IDR60,000＋諸税IDR38,000＋荷物IDR105,000＋座席指定IDR18,000＋保険IDR35,000＋手数料IDR15,000）

■フライト9
エアアジアX　D7522便
14:40 クアラルンプール発　22:30 東京（羽田）着
MYR524≒13,236円（運賃MYR394＋諸税MYR25＋荷物MYR65＋座席指定MYR35＋手数料MYR5）

※2012年3月時点でのもの。予約作業は2011年11月に行った。
※航空会社によっては燃油と諸税が合算表示のこともあり、その場合は「諸費用」と記載した。
※手数料とはクレジットカード支払いのためのもの。航空会社によっては不要。
※東京から出発地の札幌まではエア・ドゥを利用した（10,470円）。

〈LCC 予約サイト一覧〉

ピーチ航空
http://www.flypeach.com/

ジェットスター・グループ
http://www.jetstar.com/jp/ja/
※ジェットスター・アジア航空／バリューエア

セブパシフィック航空
http://www.cebupacificair.com/web-jp/

タイガーエアウェイズ
http://www.tigerairways.com/
※SE Air／日本語サイトなし

エアアジア・グループ
http://www.airasia.com/
※タイ・エアアジア／インドネシア・エアアジア／エアアジアX

ライオンエア
http://www.lionair.co.id/
※日本語サイトなし

この作品は書き下ろしです。原稿枚数504枚（400字詰め）。

LCCで行《い》く! アジア新自由旅行《しんじゆうりょこう》

3万《まん》5000円《えん》で7カ国《こく》巡《めぐ》ってきました

吉田友和《よしだともかず》

平成24年7月5日　初版発行

発行人――石原正康
編集人――永島賞二
発行所――株式会社幻冬舎
〒151-0051東京都渋谷区千駄ヶ谷4-9-7
電話　03(5411)6222(営業)
03(5411)6211(編集)
振替00120-8-767643
印刷・製本―近代美術株式会社
装丁者――高橋雅之

幻冬舎文庫

ISBN978-4-344-41890-5　C0195　よ-18-1

幻冬舎ホームページアドレス　http://www.gentosha.co.jp/
この本に関するご意見・ご感想をメールでお寄せいただく場合は、
comment@gentosha.co.jpまで。